가수
어떻게
되었을까
?

꿈을 이룬 사람들의 생생한 직업 이야기 25편
가수 어떻게 되었을까?

1판 1쇄 찍음 2020년 8월 27일
1판 2쇄 펴냄 2021년 6월 15일

펴낸곳	㈜캠퍼스멘토
총괄 기획	오승훈 · 김범준
편집인	㈜모야컴퍼니
책임 편집	이동준 · ㈜엔투디
교정 · 교열	권현정
연구 · 기획	박선경 · 오승훈 · 김예솔 · 민하늘 · 최미화
디자인	㈜엔투디
마케팅	윤영재 · 임소영
교육운영	임철규 · 문태준 · 신숙진 · 이사라 · 이동훈 · 박홍수
관리	김동욱 · 지재우 · 이경태 · 최영혜 · 이석기
발행인	안광배

주소	서울시 서초구 강남대로 557 성한빌딩 9층 ㈜캠퍼스멘토
출판등록	제 2012-000207
구입문의	(02) 333-5966
팩스	(02) 3785-0901
홈페이지	http://www.campusmentor.org

ISBN 978-89-97826-45-2(43680)

현직
가수들을
통해 알아보는
리얼 직업
이야기

가수
어떻게

How did they become singers?

되었을까?

CampusMentor
캠퍼스멘토

> **"도움을 주신 가수들을 소개합니다"**

비보이팀 <엠비크루>
힙합듀오 <듀넘>
라쿤, 박재형

- 공연기획 엔터테인먼트 메이커스 설립
  (주)예술인 대표
  (재)국제모델협회 홍보대사
- 2017 일본 세계비보이대회 우승
- 2016 프랑스 UNVSTI 세계비보이대회 우승
- 2018 JTBC 히든싱어5 안무트레이너
- 2020 서울시 비보이단 음력 설축제 시드니 공연

버스킹 밴드 <오빠딸>
최벌, 최현익

- 소년과 사나이의 과도기적 단계에 있는 음악을
  하는 밴드 <오빠야문열어딸기사왔어> 활동
- 감성적인 음악, 그리고 관객과 같이 뛰어오는
  음악을 겸비한 장르를 개척하려는 밴드
- 충남대학교 경영학과 졸업
- 2015 대구 김광석 대회 대상
- 2016 코엑스 버스킹라이징스타 최우수상
- 2017 충남 음악창작소 I'm a musician 대상
- 2018 KT&G홍대상상마당 공연

남성3인조 보컬팀 <세자전거>
오치영

- 시흥시문화홍보대사
- 참좋은학교 실용음악 교사
- 제이엠엔터테인먼트 대표
- 前 토리미디어 소속 전속가수
- 前 콘텐츠큐브 소속 전속가수
- 2015 대구포크송콘테스트 대상
- 2015 통일가요제 대상
- 2016 파주포크송콘테스트 은상
- 2016 부천전국버스킹대회 동상
- 팬텀싱어, 슈퍼맨이 돌아왔다, 판타스틱듀오 출연

싱어송라이터
참좋은실, 조은실

- 2019 4th Digital Single '조금씩 다가갈게'
- 2018 3rd Digital Single '이제야 네 맘을 알 것 같아'
- 2017 2nd Digital Single '단 하나'
- 2016 1st Digital Single '난 음악 할 거야'
- 2017 KBS1 '목요기획' 청년 다큐멘터리 출연
- 서울예술대학교 광고창작과 졸업

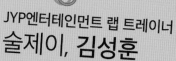

JYP엔터테인먼트 랩 트레이너
술제이, 김성훈

- 마이크 스웨거 season1 Host MC
- 밀러 그루브 데이 프리스타일 랩 배틀 챔피언
- 랩 창작 입문서 '누구나 랩'을 쓴 작가
- 2009 문화 관광부, SBS 주관
  '이달의 우수 신인음반' 선정
- 숭실대학교 영어영문학과, 문예창작학과 복수 전공
- 숭실대학교 대학원 문화콘텐츠학과 석사

소프라노
이진희

- 이탈리아 A.Casella 국립음악원 수석 졸업
- 오페라 라보엠, 사라의 묘약, 피가로의 결혼 등
  주역
- 초청공연, 협연, 독창회, 뮤지컬, 정극, 공연
  기획, 재능기부 등 1000회 공연

이 책의 구성

Chapter 2

가수의 생생 경험담

Chapter 3

예비 가수 아카데미

가수,

어떻게
되었을까
?

가수란?

—
가수는
노래 부르는 일을 직업으로 하는 대중문화인이다.

대중가수·성악가수·민요가수·국악가수 등으로 나눌 수 있는데, 흔히 대중가수를 가리키는 말로 쓰인다. 대중가수는 음악을 전달하는 경로에 따라 다시 음반가수와 라이브가수로 나눌 수 있다. 음반가수는 텔레비전이나 라디오 등의 방송매체에 출연해 주로 음반을 통해 노래를 전달하고, 라이브가수는 주로 무대가 딸린 클럽이나 음악홀에 출연해 관객 앞에서 직접 노래를 부른다.

또, 노래의 장르에 따라 팝가수·댄스가수·발라드가수 등으로 구분하기도 하는데, 이는 정해진 분류라기보다는 방송이나 언론사에서 편의상 사용하는 개념에 가깝다.

가수가 되는 길은 일반적으로 음반사나 음반기획사를 통해 훈련을 거친 다음, 자신이 부른 노래를 음반으로 발매하면서 시작된다. 음반을 발매한 뒤에는 매스컴을 통해 음악을 홍보하는 단계로 들어선다. 그 밖에 자신의 노래가 담긴 데몬스트레이션(데모) 테이프를 각 음반사나 기획사 또는 방송사에 보내 발탁되는 경우도 있다.

출처: 두산백과

가수가 하는 일

◆ 가수는 혼자서 활동하는 사람도 있고 여러 명이 팀을 이루어 활동하기도 한다.

◆ 가수는 악보를 보고 악기나 녹음된 반주에 맞추어 리듬을 확인하고 노래 연습을 한다. 또, 음반녹음 및 제작, 방송출연, 공연이나 콘서트 개최, 각종 행사출연 등을 통해 주로 활동한다.

◆ CF 및 영화, 드라마 등에 참여하여 곡을 부르기도 하며, 가창력과 연기력을 바탕으로 뮤지컬배우로 활동하기도 한다.

◆ 직접 작사, 작곡, 편곡까지 하는 사람도 있다.

◆ 작사, 작곡된 악보를 보고 피아노 또는 녹음된 반주에 맞추어 음반을 녹음하거나 방송국의 공연장, 각종 행사에서 공연을 한다.

출처: 한국직업능력개발원 커리어넷

가수의 자격 요건

───── **어떤 특성을 가진 사람들에게 적합할까?** ─────

- 가수에게는 뛰어난 노래실력과 청력이 필요하다. 또, 가수는 새로운 음악과 다양한 모습을 보여주기 위해서 창의력과 끼를 갖추어야 한다.
- 많은 사람들 앞에서 노래를 부르고 춤을 출 수 있는 적극적이고 활발한 성격을 가진 사람에게 적합하며, 인내와 끈기가 있어야 한다.
- 예술형과 사회형의 흥미를 가진 사람에게 적합하며, 정직·인내심·신뢰성·책임감 등의 성격을 가진 사람들에게 유리하다.

출처: 한국직업능력개발원 커리어넷

가수와 관련된 특성

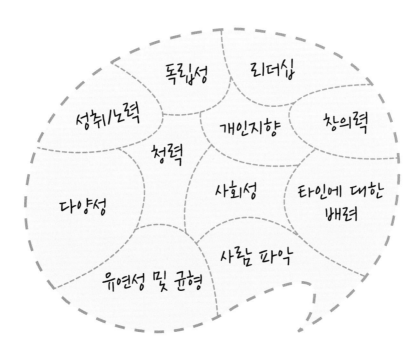

독립성
리더십
성취/노력
개인지향
창의력
청력
다양성
사회성
타인에 대한 배려
유연성 및 균형
사람 파악

"가수에게 필요한 자격 요건에는 어떤 것이 있을까요?"

**톡(Talk)!
오치영**

그 가수만의 무기가 있어야 해요.

유명한 가수보다 그렇지 않은 가수가 훨씬 많을 거예요. 그러니 본인들을 홍보하기 위한 방법을 찾아야 해요. 저희 팀은 전국에서 열리는 온갖 노래 대회에 디 출전했어요. 그리고 상을 타기 위해 굉장히 전략을 치밀하게 짰어요. 자작곡이어야 하고, 대중들이 좋아해야 하고, 적당한 임팩트가 있어야 해요. 이 3가지를 바탕으로 사람들이 따라할 수 있는 파트를 만들고 노래 부르기 전에 미리 알려줬어요. 공연 중에 따라할 수 있게요. 어떻게 보면 쉬운 방법인데 생각보다 이런 팀이 없어서 상을 정말 많이 받았어요.

**톡(Talk)!
최현익**

자신의 이야기를 솔직하게, 잘 해야 해요.

음악은 언어와 같다고 생각해요. 일상에서 발표를 할 때도 말하고자 하는 내용을 정돈하지 않고 말하는 사람들이 있는 반면, 체계적으로 이해하기 쉽게 얘기하는 사람도 있잖아요. 그것처럼 자신이 표현하고 싶은 바를 음악적인 언어로 얼마나 세련되고 멋있고 대중들의 마음을 사로잡을 수 있게 전달할 수 있느냐가 중요한 것 같아요.

톡(Talk)! 이진희

간절함이 있어야 돼요.

'내가 원한다면 끝까지 해내는 고집'이라고 할까요. 해내고자 하는 집념과 의지가 되게 중요해요. 제가 운영하는 '그린트리 예술창작센터'에 '노래방에서 노래를 잘한다', '쉬워 보인다'며 찾아오는 친구들이 많거든요. 전 그 친구들을 되게 혹독하게 가르쳐요. '이겨내지 못해? 그럼 그만둬!'라고 이야기하죠. 왜냐하면 그런 절박함과 갈망이 없으면 버텨낼 수 없는 길이거든요. 재능이 있고 없고는 별로 중요하지 않아요. 제가 그랬으니까요. 전 재능 없이 시작했거든요. 중요한 건 그 안에 두근거림이 있느냐, 정말 갈망하느냐, 네가 정말 간절히 원하느냐, 예요. 간절히 원하지 않으면 갈 수가 없는 길이에요. 자신의 의지 없이는 갈 수 없는 길고 힘든 길이죠. 중간에 포기하지 않고 끈기와 노력으로 좌절과 도전을 반복하며 끝까지 나아가려면 간절해야 해요.

그래서 처음부터 엄격하게 가르치고 정말 그 열정이 있는지 늘 확인하죠.

톡(Talk)! 박재형

성실한 자기관리가 답이에요.

생활습관, 언어습관, 그리고 노력까지요. 유명한 사람이 아니어도 항상 공인의 마음가짐이 필요하다고 생각해요. 그리고 '어쩔 수 없이 해야 하는' 춤 연습, 노래 연습보다는 '즐거워서 하게 되는' 연습을 할 수 있어야 해요. 그래야 오래 지속할 수 있거든요.

감수성이 있어야 합니다.

자신의 감정을 잘 느끼고, 그걸 잘 표현해야 하죠. 또 성실함과 꾸준함이 필요해요. 작업을 성실하고 꾸준하게 하는 분들이 오래, 멀리 가는 것 같아요. '기리보이'처럼요. 그리고 자신만의 멋을 보여줄 수 있는 사람이어야 해요. 스타가 되고, 아이콘이 된다는 건 누군가가 나를 동경의 대상으로 바라본다는 거니까요. 새로운 시도와 자기만의 독창성이 있어야 하는 거죠. 누군가가 만들어 놓은 기준이 있으면 그 기준에 맞추기 보다는 자기의 것을 만들기 위해 계속 도전하고 시도하고 깨부수는 성향이 필요한 것 같아요.

나 자신을 알아야 돼요.

나를 모르면서 노래를 부를 순 없는 것 같아요. 가수는 노래를 자기화시켜서 전달하는 역할이잖아요. 그런데 내가 나에 대해서 모른다면 그건 그냥 흉내 낸 노래일 수밖에 없지 않을까요? 사람에 관해서도 관심을 가져야 해요. 노래는 나 혼자 듣기 위해, 나 혼자 좋자고 하는 게 아니라 함께 즐기기 위한 거니까요. 나아가서는 세상을 더 알아야 하죠. 그래서 늘 배우려고 해요. 많이 실천하지 못해서 저도 부족한 영역이지만요. 사람과 세상에 관해 더 알려는 태도가 필요해요.

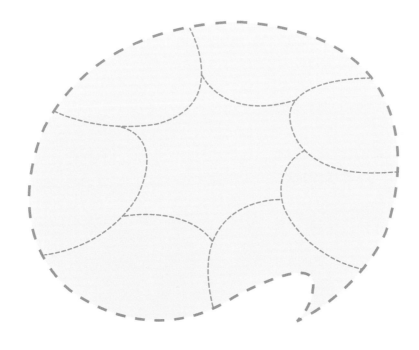

가수가 되는 과정

- 매니지먼트 회사의 신인가수 모집 공개 오디션에 응모하거나 각종 가요제 입상, 혹은 자신이 직접 음반을 제작하여 발표하는 방법 등을 통해 가수가 된다.
- 대중가수의 경우 '가수 지망생-오디션-캐스팅-연습생-매니지먼트 회사와 전속 계약'의 과정이 보편화되었다.
- 각종 가요제에 참여해 입상하여 가수가 될 수도 있고, 언더그라운드에서 활동하면서 음반 제작자의 눈에 띄어 음반을 제작하는 경우도 있다.

 가수 지망생

- 가수를 목표로 하는 사람은 엔터테인먼트 관련 교육기관에서 교육을 받으며 실력을 연마하는 '지망생' 과정을 거친다.

- 가수 지망생이 연예활동을 준비할 수 있는 교육기관으로는 엔터테인먼트 학원, 방송국 부설 아카데미, 연예기획사 부설 아카데미, 예술고등학교와 대학의 실용음악 관련 학과 등이 있다.

- 해당 교육기관에서는 작곡, 연주, 보컬, 컴퓨터 음악 등으로 나누어 전문적인 이론과 실기를 교육하고 있다. 또 호흡, 발성 등 보컬훈련을 주로 하는 사설교육 기관도 있다.

2 오디션/캐스팅

- 가수 지망생의 입문 단계로 가장 일반적인 것이 오디션과 캐스팅이다.

- 오디션은 매니지먼트 회사의 신인가수 공개 오디션을 보는 방식이 가장 보편적이다. 특정 기간에 오디션 공고를 내는 매니지먼트 회사도 있고, 수시로 우편이나 인터넷 등을 통해 데모테이프 등을 받는 회사도 있다.

- '가수 지망생' 항목에서 소개한 교육기관의 교수나 강사의 눈에 띄어 매니지먼트 회사의 오디션을 보기도 한다. 오디션은 한 번이 아니라 수차례에 걸쳐 진행되기도 한다.

- 2000년대 초반까지는 젊은이들이 많이 모이는 축제나 대형행사에서의 길거리 캐스팅이 활발했으나 근래는 엔터테인먼트 학원과의 연계를 통한 오디션, 인터넷을 통한 연습생 캐스팅 등 회사에서 새로운 연습생을 찾는 창구가 늘면서 길거리 캐스팅은 줄어드는 추세다.

✔ 여기서 잠깐! 길거리 캐스팅, 이러면 가짜 PD나 매니저 확실!

- 캐스팅을 위한 성형수술, 교육 등과 관련한 사례비나 섭외비 명목으로 돈을 요구하는 경우
- 한밤중에 방송 출연이 있다거나 연예기획사와 계약한다며 부모를 동반하지 말고 혼자 나오라고 하는 경우
- 길거리에서 명함을 건네주며 계약서 작성도 없이 작품에 출연할 수 있다고 말하는 경우
- 명작가, 연예인, 감독, PD를 거명하며 함께 일한다고 과장되게 말하고 알지 못하는 사람을 데리고 나와 제작자라고 소개하는 경우
- 방송사나 제작사 이외의 장소에서 방송출연을 위한 오디션을 본다며 호출하는 경우

- 오디션이나 캐스팅 등을 통해 적합한 연예기획사매니지먼트 회사를 만나면, '연습생 계약'을 맺고 가수가 되기 위한 교육과 훈련을 다시 받는 것이 보통이다.
- 매니지먼트 회사에서 진행하는 교육·육성 프로그램은 대개 다음과 같다.

가수 육성 프로그램의 예시

과목	내용
외국어	해외 진출을 준비하기 위해 외국어교육기관을 통한 영어·중국어 등 교육 실시, 정기적으로 테스트 실시
연기	연기 트레이너 레슨, 정기적으로 테스트 실시
보컬	전문 보컬 트레이너에 의한 1:1 개인 레슨 또는 팀을 구성하여 팀레슨을 받고 정기적으로 테스트 실시
댄스	기본안무, 팝핀댄스, 방송안무, 스트릿댄스 등
몸 만들기	체중관리 및 식단 조절, 헬스트레이너에 의한 몸매 관리
의료지원	교육생이 개인능력을 충분히 발휘할 수 있도록 정신적·육체적 의료지원

4 ## 전속 매니지먼트 계약

- 트레이닝 과정을 잘 마치고 음반을 내기로 결정됐다면, 연습생은 '전속 매니지먼트 계약'을 통해 회사와 계약을 맺는 것이 일반적이다.
- '전속 매니지먼트 계약'의 내용은 다음과 같다.

> • 매니지먼트 회사 또는 매니저는 연예인의 출연 여부 및 출연료 등의 계약 조건에 관한 협상, 출연 일 정의 조정, 대외 홍보 등 연예활동과 관련된 서비스를 제공함.
> • 연예인은 그 매니지먼트 회사 또는 매니저를 통해서만 연예활동을 해야 하며 그를 통하지 않고 직 접 또는 제3자를 통해서는 연예활동을 하지 않을 의무를 부담함.

대중문화예술분야 연습생 표준계약서

대중문화예술인(가수중심) 표준전속계약서

청소년 대중문화예술인 (또는 연습생) 표준 부속합의서

✅ 여기서 잠깐! 매니지먼트회사란?

- 매니지먼트회사는 연예기획사, 음반기획사, 엔터테인먼트사 등 다양한 이름으로 활동하고 있다.
- 매니지먼트회사와 에이전시사가 구분되어 있는 미국과 다르게 우리나라의 매니지먼트사는 연예 인 활동의 관리라는 본래의 역할 외에 일자리 중개라는 에이전시 역할까지도 함께 하고 있다.
- 일부 매니지먼트 회사는 연예인의 일정관리, 출연계약 중개와 같은 단순 보조업무를 넘어 장기적 인 투자와 기획을 통하여 유망주를 직접 발굴·육성하고, 음반 등 작품의 제작·유통을 주관하며, 적 극적인 홍보와 관리로 소속 연예인의 인기를 형성·유지하는 역할까지 하고 있다.

출처: 찾기쉬운 생활법령 정보 > 가수 > 가수지망생 > 가수지망생 개관
찾기쉬운 생활법령 정보 > 가수 > 전속계약 > 전속계약 개관
한국직업능력개발원 커리어넷

가수의 좋은 점 · 힘든 점

톡(Talk)!
박재형

| 좋은 점 |
나를 정말 멋진 사람으로 생각할 수 있게 만들어요.

활동을 하면 메이크업을 받고 스타일리스트가 옷을 입혀주잖아요? 진짜 이걸 받으면 너무 멋있어져요. '내가 진짜 연예인이구나!' 해요. 나를 더 가꿀 줄 알게 되고, 자존감이 올라가는 것 같아요.

톡(Talk)!
최현익

| 좋은 점 |
나만의 이야기를 할 수 있어요.

그 누구의 이야기도 잘못된 이야기는 없어요. 얼마나 많은 공감을 얻었는지 또는 그렇지 않았는지 차이일 뿐, 잘못된 건 아니에요. '바람이 불어오네요'라고 쓰든, '눈이 내려오네요'라고 쓰든 원하는 가사가 다를 뿐이죠. 악기도 마찬가지고요. 취향 차이가 있을 뿐이에요. 다른 사람의 음악을 듣고 있으면 그 사람의 특성이나 생각들이 눈에 보여요. 그게 참 매력적이에요.

톡(Talk)!
참좋은실

| 좋은 점 |
제가 하는 모든 생각을 풀어낼 수 있어요.

제가 예술을 하지 않았더라면 일상생활 속에서 느끼는 다양한 생각과 감정들이 필요 이상으로 피곤하게 느껴질 수 있지만 가수라는 직업 덕분에 이런 필요 이상의 감정이 일의 자양분이 되어줘요. 누군가 "쓸 데 없는 생각이야", "왜 그렇게 피곤하게 생각해"라고 말할 만한 게 아이디어와 기회가 되는 거죠. 그 생각과 감정들을 곡으로 풀어냄으로써 저는 성장하고, 제가 끙끙 앓고 있던 것도 해소가 되죠. 어떻게 보면 제 성격의 일부인 예민함을 장점으로 승화시키는 직업이기도 하네요.

톡(Talk)!
오치영

| 좋은 점 |
누군가에게 영향을 줄 수 있어요.

나의 생각이나 감정을 누군가에게 다른 언어로 표현하고, 그 표현으로 공감을 얻고, 감정적 유대감을 쉽게 만들 수 있어요. 가끔 제 공연을 처음 본 사람이 감동을 받았다고 이야기를 하면, 비록 그 사람만을 위해서 한 건 아니었지만 누군가에게 영향을 줬다는 것에 대해 감사함을 느껴요. 내 음악으로 누군가의 감정에 메시지를 전달할 수 있다는 것에 만족감이 굉장히 큽니다.

톡(Talk)!
술제이

| 좋은 점 |
일이라기보다 놀이에 가깝다는 느낌이 들어요.

　인정을 받고 사람들에게 알려지고, 콘서트든 대학교 행사든 앨범을 통해서 수익을 창출하게 되면 그 때부터는 장점밖에 없는 것 같아요. 그냥 너무나도 즐겁죠. 그 후부터는 일이라기보다는 놀이에 가깝거든요. 직장을 다니면 인간관계나 업무, 하기 싫은 일을 억지로 참아가며 할 때가 있고, 스트레스를 받잖아요? 그런 게 없으니 더 즐겁고 행복하게 살 수 있는 것 같아요. 또, 힙합 씬은 나이나 경력보다 실력으로, 계급장 떼고 붙는 곳인데 그게 장점이자 단점이죠. 온전히 뮤지션으로서만 사람을 바라보는 거니까요. 리스펙(존경)을 받는 선배 뮤지션들도 분명히 있지만 힙합 시장은 좀 더 솔직한 곳이라서 그런 것보다는 한 뮤지션이 그 당시, 그 시대, 그 순간에 하고 있는 활동들로 평가를 많이 받게 되는 것 같아요.

톡(Talk)!
이진희

| 좋은 점 |
몸이 악기예요.

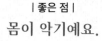

　무언가를 어디 들고 다니지 않아도, 몸만 가면 노래를 할 수 있다는 게 장점이에요.

톡(Talk)!
참좋은실

| 힘든 점 |
예술분야의 배고픔은 어쩔 수 없는 것 같아요.

사실 어느 직장이든 비슷하지 않을까 싶지만, 특히 예술 쪽 분야에서 그렇다는 거죠. 그래서 당장은 일단 받아들였어요. 다만, 이것이 사회구조의 문제일 수 있기 때문에 고민을 놓아서는 안 되는 것 같아요. 끊임없이 불합리함에 대해서 고민하고 싸워야 하죠. 그걸 아는데도, 자주 이런 고민을 하지 않고 손 놓고 있어요. 스스로가 반성해야 하는 것 같아요. 저도 고민해서 어느 방법으로든 참여해야 한다고 자주 생각해요.

톡(Talk)!
오치영

| 힘든 점 |
너무 생활이 불규칙하고, 주관적인 직업이에요.

잘하고 못하는 것의 객관적인 지표가 하나도 없어요. 1에다 1을 더하면 2가 되는 것이라는 정답이 없어요. 오늘 흥했던 게 내일 흥하리라는 법이 없어요. 예전에는 방송에 출연하고 라디오에 나와서 가수로서 커리어를 쌓았다고 하면, 지금은 꼭 그렇지만도 않아요. 시대에 따라 계속 바뀌는 것 같아요. 환경에 굉장히 민감한 직업이 가수니까요. 일에 너무 한정적인 기간이 있는 것 같기도 해요. 가장 높은 곳에 있어볼 수 있지만, 대중적으로 사랑받을 수 있는 시간이 비교적 짧은 게 아닌가 싶어요.

톡(Talk)! 최현익

| 힘든 점 |

가족들이나 친구들을 자주 못 봐요.

보통 공연이나 행사가 주말에 있어서 더욱 그런 것 같아요. 그거 말고는 단점이라고 표현할 게 없어요.

톡(Talk)! 술제이

| 힘든 점 |

인정받기까지 시간이 오래 걸릴 수 있어요.

고등래퍼, 쇼미더머니 같은 미디어에서 발굴된 뮤지션 분들은 인기나 경력이 빠르게 상승 곡선을 타죠. 인지도, 인정, 존경, 경제적 안정 등을 쉽고 빠르게 가진다는 느낌이 있어요. 그런데 그게 아니라면 앨범으로 증명을 해야 하는데, 시간이 정말 오래 걸려요. 돈과 시간과 노력을 다 들여서 명반 한 장을 완성했더라도 대다수의 경우에는 적어도 앨범이 두 장, 세 장 쌓여야 청중이 마음의 문을 열어요. '아, 이 사람은 음악을 잘하네', '들어줄 만하네', '돈을 지불해도 될 만한 뮤지션이다' 생각한 후에야 마음의 문을 열게 되는데, 그 시간이 생각보다 오래 걸려요. 미디어를 통해 얼굴을 알린 경우와 비교 해보면 진짜 너무 오래 걸려서 그 시간을 견디는 게 힘들죠.

톡(Talk)!
박재형

| 힘든 점 |
가수로서 지켜야 할 것이 많아요.

공인이기 때문에, 모든 말과 행동을 조심해야 해요. 아무리 신인이라도 지금의 말과 행동이 훗날에 제 발목을 잡을 수 있으니까요.

톡(Talk)!
이진희

| 힘든 점 |
아무 데서나 노래를 시켜요.

성악가에게 노래를 막 시키는 건 정말 예의가 아니에요. 저는 프로 성악가고, 저의 베스트(최선)를 보여줄 수 있는 무대에서가 아니라면 노래하는 걸 좋아하지 않아요. 하루종일 떠들고, 웃고, 활동을 많이 한 다음엔 영락없이 컨디션이 좋지 않은데, 그 상황에서 노래하려면 저의 베스트가 나올 수 없어요. 사람들과 제가 노래로 처음 만나는 모습이 그런 모습이면 안 되잖아요? 신경 쓰이는 게 당연한 거죠. '성악가니까 노래 잘하겠지, 노래하는 거 좋아하겠지, 시켜!' 이런 순간이 있는 게 단점이에요. 기꺼이 해드릴 수는 있지만, 그것보다는 드레스를 갖춰 입고 좋은 무대에서, 베스트 컨디션으로 좋은 노래를 불러드리고 싶어요. 그게 진정으로 관객들을 위한 길이자, 저를 제대로 알리는 길이기도 하죠.

가수 종사 현황

　워크넷 2019년 7월 기준 가수를 포함한 시각 및 공연예술가의 종사자 수는 66,000명이며, 정규직으로 근무하는 경우가 적고 고용이 유지되는 정도도 매우 낮다. 끊임없는 연습이 필요하므로 자기개발의 가능성은 높으나 이에 따른 승진이나 직장 이동은 어렵다. 근무시간이 짧으나 매우 불규칙하며 일정 수준 정신적 스트레스가 있다.

◆ **학력**　　　　　　　　　　　　　　　　◆ **임금**(단위: 만 원)

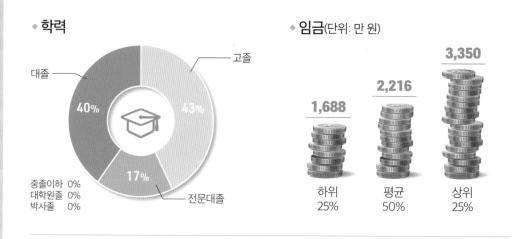

대졸　40%
고졸　43%
전문대졸　17%
중졸이하　0%
대학원졸　0%
박사졸　0%

하위 25%　1,688
평균 50%　2,216
상위 25%　3,350

◆ **전공학과분포**(조사년도: 2018년)

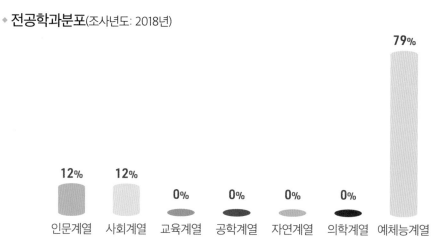

인문계열 12%　사회계열 12%　교육계열 0%　공학계열 0%　자연계열 0%　의학계열 0%　예체능계열 79%

출처: 한국직업능력개발원 커리어넷

가수의

생생
경험담

미리 보는 가수들의 커리어패스

〈듀넘〉 라쿤, 박재형

- 서일대학교 레크레이션과
- 비보이팀 〈엠비크루〉 결성

- 힙합듀오 〈듀넘〉 결성
- 혼성아이돌그룹 〈F1RST〉 데뷔

〈오빠딸〉 최벌, 최현익

- 충남대학교 경영학과
- KT&G '상상유니브' 대학생
  커뮤니티 활동

- 2015 대구 김광석 대회 대상
- 2016 코엑스 버스킹
  라이징스타 최우수상

〈세자전거〉 오치영

- 2014 콘텐츠큐브 소속
  전속가수

- 2015 토리미디어 소속
  전속가수

참좋은실, 조은실

- 서울예대 광고창작과
- 2015. Digital Single 'Rerest'
  (피쳐링 참여)

- 2016. 1st Digital Single
  '난 음악할 거야'
- 2017. 2nd Digital Single
  '단 하나'

술제이, 김성훈

- 숭실대학교 영어영문학/
  문예창작 복수전공
- 숭실대학교 대학원
  문화콘텐츠학과 석사

- 2009 문화 관광부, SBS 주관
  '이달의 우수 신인음반' 선정
- 밀러 그루브 데이
  프리스타일 랩 배틀 챔피언

소프라노 이진희

- 이탈리아 A.Casella
  국립음악원 수석 졸업

- 오페라 라보엠, 사랑의 묘약
  피가로의 결혼 등 주연

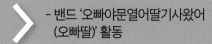

- 프랑스/일본 세계비보이대회 우승
- (사)국제어린이청소년문화예술협회
  홍보대사

- 평창 동계올림픽 폐막식 공연(MB크루)
- 메이커스 설립(공연기획 엔터테인먼트)

- 2017 충남 음악창작소
  I'm a musician 대상
- 2018 KT&G 홍대 상상마당 공연

- 밴드 '오빠야문열어딸기사왔어
  (오빠딸)' 활동

- 2017 참좋은학교 실용음악 교사
- 2017 제이엠엔터테인먼트 대표

- 2018 시흥시 문화 홍보대사
- 보컬팀 '세자전거' 활동

- 2018. 3rd Digital Single
  '이제야 네 맘을 알 것 같아'
- 네이버 '뮤지션 리그' 차트 1위,
  창작지원 프로젝트 선정

- 2019. 4th Digital Single
  '조금씩 다가갈게'
- 싱어송라이터 '참좋은실' 활동

- 마이크 스웨거 season 1
  Host MC
- JYP 랩 트레이너

- 힙합가수 '술제이' 활동
- 랩 창작 입문서 '누구나 랩' 출간

- 초청공연, 협연, 독창회, 뮤지컬, 정극,
  공연 기획, 재능기부 등 1000회 공연

- 그린트리예술창작센터 설립·운영

지하철역에서 춤을 처음 만났다. '좀 노는' 것처럼 보이는 '무서운' 형들을 따라 비보이의 세계로 입문했고, 곧 춤을 좋아하게 됐다. 집-연습실-집-연습실을 반복하면서 생긴 '크루'가 가장 소중했다. '가수'를 꿈꾸게 된 것은 조금 나중의 일이었다. 춤을 추면서 만난 관객들에게 우리가 누군지, 내가 누군지, 좀 더 드러내고 싶다는 마음이 점차 커졌다. 스물 셋, 뮤지컬로 시작한 경력은 스물 일곱, 아이돌 그룹 <퍼스트(F1RST)> 데뷔로 이어졌다. 마음먹은 대로 되지 않는 날들이 수도 없이 많았지만 여전히 춤 추고 노래하는 라쿤(박재형)은 현재 비보이팀 <엠비크루>의 비보이로, 힙합듀오 <듀넘>의 가수로 활동하고 있다.

- -

비보이팀 <엠비크루> / 힙합듀오 <듀넘>
라쿤 | 박재형

경력
- 2002 비보이팀 엠비크루 결성
- 2010 혼성아이돌그룹 F1RST 데뷔
- 2015 힙합듀오 듀넘 결성
- 2017 (사)국제 어린이 청소년 문화예술 협회 홍보대사
- 2020 메이커스 설립(공연기획 엔터테인먼트)

수상
- 2016 프랑스 UNVSTI 세계비보이대회 우승
- 2017 일본 세계비보이대회 우승

출연
- 2015 M.NET 너의 목소리가 보여 "윤종신"편 아현고 4대천왕
- 2018 평창 동계올림픽 폐막식 공연(MB크루)
- 2018 JTBC 히든싱어5 안무트레이너
- 2019 KBS 불후의명곡 광복절 특집 유태평양 X 엠비크루 출연
- 2020 서울시 비보이단 음력 설축제 시드니 공연

가수의 스케줄

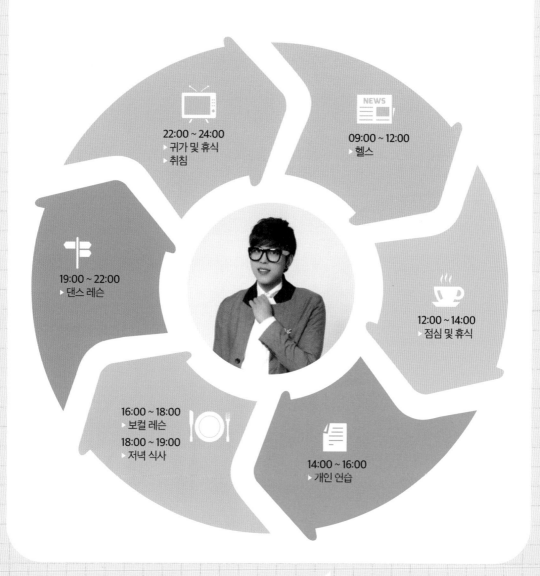

박재형
가수의
하루

22:00 ~ 24:00
▸ 귀가 및 휴식
▸ 취침

09:00 ~ 12:00
▸ 헬스

19:00 ~ 22:00
▸ 댄스 레슨

12:00 ~ 14:00
▸ 점심 및 휴식

16:00 ~ 18:00
▸ 보컬 레슨
18:00 ~ 19:00
▸ 저녁 식사

14:00 ~ 16:00
▸ 개인 연습

춤을
좋아하던
학창시절

▶ 고등학교 3학년 때 공연하는 모습

▶ 고등학교 3학년 때 공연하는 모습

▶ 아현산업정보고 실용음악과 친구들과

▶ 2012 혼성아이돌그룹 <F1RST> 자켓앨범

성적은 확실히 좋진 않았어요. 반 등수가 늘 뒤에서 세는 게 빨랐거든요. 친구들과 어울리는 건 정말 좋아했어요. 제가 중학교 때부터 '춤'을 좋아했는데요, 공부는 못했지만 춤추고 친구들이랑 어울리며 놀고 대화하는 경험은 착실히 쌓았죠. 지금 생각해보면 그런 경험이 가수라는 직업을 택하는 데 긍정적인 영향을 준 것 같아요.

Question   전공은 어떻게 결정하게 되셨나요?

고등학교 때가 제 인생의 첫 번째 전환점이었던 것 같아요. 중학교 때는 하교하면 PC방에 가서 게임하는 게 일상이었고 그게 또 너무 즐거웠어요. 사실, 고등학교 때도 중학교 때처럼 지내고 싶어서 공고에 가려고 했어요. 공고에 가면 자유롭게 춤도 추고 기술도 배우니까 일석이조라고 생각했어요. 그런데 부모님이 반대를 하셨고 꼴찌 성적으로 인문계에 가게 됐죠.

거기서 제 평생의 은사님을 만났어요. 고등학교 2학년 때 담임 선생님이에요. 선생님께서 제가 춤추는 것을 너무 좋아하니까 3학년에 올라갈 때 '직업반'을 제안해주셨어요. 거기 실용음악과로 지원해보는 게 어떠냐고요. 그래서 가게 된 곳이 아현산업정보고등학교 실용음악과에요.

대학을 선택할 때가 되었는데, 지원하는 대학마다 다 떨어지는 거예요. 그러다가 우연히 집 앞에 있는 서일대학교 레크리에이션과에 댄서 선배가 붙었다는 이야기를 듣게 됐어요. 다행히 그 학과는 실기만 봤어요. 고등학교 때 받았던 상장들을 모아서 실기에 지원했고 붙게 됐습니다.

'춤과 레크리에이션과는 전혀 연관이 없지 않나?'라고 생각할 수도 있겠지만, 전혀 그렇지 않았어요. 방송에 관련된 역량을 키울 수 있었고 거기서의 모든 경험이 도움이 됐거든요.

부모님의 희망 진로와 본인의 희망 진로는 달랐나요?

부모님은 제가 공무원이 되길 바라셨어요. 그런데 저도 좀 웃겼던 게, 저는 과학자가 되고 싶었거든요. 아직 자아가 자리 잡기 전에는 그랬죠. 나이가 들면서 점점 다양한 경험을 하고 자아가 형성되면서 원하는 직업과 꿈은 계속 바뀐 것 같아요. 나이 들면서 제가 뭘 잘하는지 확실히 알게 됐고요.

Question **학창시절 했던 활동 중 진로에 도움이 될 만한 활동이 있었나요?**

확실히 대답할 수 있는데요, 많은 댄스 대회 경험이에요. 지역마다 대회가 계속 열렸는데, 학교 다닐 때 정말 많이 나갔어요. 그 경험이 대학을 갈 때 정말 도움이 많이 됐어요. 대회에서 받은 상들로 가산점만 30점을 받았거든요. 제 원래 수능점수로는 가당치도 않은 학교예요.

그리고 또 좋았던 게, 한 두 번 상을 받고 나니까 학교에서 대우가 달라지는 거예요. 우리 학교의 대표로 출전하는 거라 생각하셨는지, 학교에서 연습할 수 있게 시간을 빼주시곤 했어요. 담임 선생님께서 교장선생님께 제안을 해주셔서요. 너무 감사했죠. 선생님들이 아니었으면 못 한 게 더 많았을 거예요. 선생님들이 조력자가 되어 주신 게 저에겐 큰 행운이었어요.

어떤 분야든 그 분야의 대회를 많이 나가보는 게 좋은 것 같아요. 어쨌든 관심 있는 사람들이 대회에 출전하니까 내 실력도 가늠해 볼 수 있고요.

Question 진로를 결정할 때 도움을 준 멘토가 계실까요?

지금도 뵙고 있는 고등학교 2학년 때 담임 선생님이 그런 분이세요. 앞서 얘기했듯 아현정보산업고등학교에 갈 수 있게 도와주신 분이죠. 한문 선생님이셔서 언어나 시사적인 것들을 자주 여쭤보고 있어요. 제가 글 공부가 부족했거든요.

선생님께서는 당시에도 좀 남다르셨어요. 그 때는 두발 자유화가 아니었는데, 춤을 추는 친구들은 멋을 부리고 싶어한다는 얘기를 듣고, 선생님께서 학교에 건의를 하셨어요. 나쁜 애들도 아니고 공부는 못하지만 애들이 '대회'라는 뚜렷한 목표를 가지고 열심히 하는데 왜 우리가 이걸 막아야 하느냐 하면서 말이죠. 그 후에도 완전 자유화가 된 건 아니었지만, 다른 선생님들께서도 조금은 넘어가주셨던 기억이 있어요.

이렇게 학생을 위해주는 선생님이셨기 때문에 잘 따랐던 것 같아요. 지금도 교육자로 계시고요.

Question 비보이만으로 활동하던 때 특별히
기억에 남는 경험이 있다면요?

제가 20살이던 2004년에, 가수이자 프로듀서인 JYP 박진영씨가 전국에 있는 비보이들을 서울로 모은 일이 있었어요. 대략 300명 정도 모였던 것 같아요. 그러더니 한 팀 씩 춤추는 것을 보기 시작했어요. 자연스레 오디션이 됐죠. 박진영씨가 직접 심사를 봤고, 가수 비 씨도 계셨어요. 오디션이 끝나고 나서 5명이 뽑혔는데 제가 거기에 뽑히게 됐다는 거예요. 300명 중에 5명이요. 믿기지 않았죠.

며칠 뒤에, JYP에서 댄서로 그룹을 만들어 보려 하니 연습생으로 계약하자고 제안을 주셨어요. 저는 제안을 거절했고요. 중고등학교 때부터 함께 춤추던 크루가 있었는데, 제가 거기 장이었거든요. 어린 마음에 한 집단의 장이 친구들을 버리고 나가는 걸 용납할 수 없었어요.

1~2년은 후회하지 않았어요. 당시 비보이 대회가 많았고, 상금이 어마어마 했거든요. 후회는 좀 지나서 엄청 했죠. 짐승돌 콘셉트의 아크로바틱 팀 2PM이 데뷔했거든요. 물론 또 다른 과정을 거쳐서 뽑히고 뽑혀 데뷔했겠지만, 친구들이 우스갯소리로 저한테 '너 그때 수락했으면 2PM 됐을 수도 있겠네'라고 놀리곤 해요.

이건 여담인데, 박진영 씨가 그날 모였던 비보이들에게 고기를 사주셨어요. 300명의 고기값이 거의 800만 원 정도 나왔죠. 사정이 여의치 않았던 당시 비보이들에게 박진영 씨는 여러모로 거의 신이었어요.

아무튼 어린 마음에 대형 기획사 JYP의 제안을 거절했던 웃기고 슬픈 일화네요.

Question 비보이에서 가수로 진로를 바꾸게 된 계기가 있나요?

- -

제가 23살 때 댄서로 베트남에 가게 됐어요. 가수 비 씨의 콘서트였는데, 저희 팀이 콘서트 시작 전 댄스 공연으로 무대를 꾸미게 됐거든요. 약 10만 명 정도가 왔어요. 그 때 느꼈어요. 비 씨는 노래하는 가수이기 때문에 한국어로 말을 하고 노래를 부르면 제일 뒤에 있는 관객들도 '한국에서 온 가수 비구나' 하고 공연하고 있는 사람이 누군지 인지할 수 있잖아요. 그런데 저희는 앞에서 춤만 추니까 이 사람들이 한국 사람인지 베트남 사람인지 좀만 뒤에 앉은 관객도 알지 못하는 거예요.

우리는 분명히 '한국 댄서'라는 자부심을 가지고 왔는데, 10만 명이라는 관객들에게 그걸 한 눈에 보여주기가 어렵겠다는 생각이 들었어요. 조금은 우스개지만, 그때 갑자기 박진영 씨 제안을 거절한 게 떠오르더라고요. 왜 그 때 안 했을까 하고요. 그때부터 정말로, '가수가 되고 싶다'는 확신을 갖게 됐어요.

▶ 2016년 프랑스세계대회에서 <엠비크루>가 우승하다

▶ 2017년 대만배틀에서 우승한 모습

다사다난했던
아이돌 생활

▶ 2017년 롯데월드 아듀 콘서트

▶ 2018년 융복합 뮤지컬 <별의전설>

가수가 되기까지 어떤 과정을 거치셨는지 궁금해요

걱정이 많았어요. 전 나이가 꽤 있었고, 늦은 나이에 데뷔는 무척 어렵겠다고 생각했거든요. 그러다가 25살 때, 뮤지컬 공연을 조금씩 하던 때였는데요, 어느 날, 국립극장의 선생님께서 안부연락을 주셨어요. 오랜만에 얼굴이나 보자고 하시면서요. 지금 당장 오라고 하셔

▶ <F1RST> 시절, '음악중심' 무대에서

서 갔는데 그게 오디션이 됐어요. 도착해보니 선생님 옆에 두 분이 더 있었죠. 마스크를 끼신 분과 지금의 대표님이 앉아 계셨어요. 춤 한번 볼 수 있겠냐고 부탁을 하셔서 춤을 췄는데, 속닥속닥 이야기를 나누시더니 노래방 가서 맥주 한 잔 하자고 하시더라고요. 제 노래를 들으려고 하셨나봐요. 그러고 나서, 그룹 <퍼스트 (F1RST)>의 첫 멤버가 되었어요.

20살 때 선택을 후회했던 경험 때문인지, 같이 춤추는 친구들에게는 미안했지만 바로 하겠다고 결정을 했어요. 감사하게도 춤추는 친구들이 오히려 응원해주더라고요. 조금은 편한 마음으로 시작하게 됐죠.

그때 아이돌이 한창 인기가 있었어요. 특히 2PM, 시크릿, 씨스타 등 춤 잘 추는 그룹이 팬이 많을 때였죠. 제가 춤은 오랫동안 춰서 자신이 있으니, 노래만 연습하자고 다짐했었어요. 감사하게도 저는 연습생 생활을 2년 정도 밖에 안했어요.

중소 기획사에서 데뷔 준비를 하는 건 어떤 경험이었나요?

대형기획사는 연습생이 엄청 많아요. 어떻게 보면 데뷔할 수 있는 확률이 적죠. 그런데 저는 작은 기획사 소속이었고, 연습생이 적었어요. 덕분에 데뷔 기회가 조금 빨리 찾아왔으니 저에게는 장점이었죠.

회사에서 당시 준비하던 걸 그룹이 있었는데, 걸 그룹을 만드는 과정에서 혼성그룹을 결성하는 쪽으로 방향이 바뀌었어요. 저는 첫 남자 멤버로 내정이 돼 있었고요. 여자 멤버 4명이 결정되어 있는 상태여서, 이후 남녀 4명 씩 숫자를 맞춰서 8명이 됐어요.

이런 식으로 준비하던 그룹이 바뀌고 없어지고 새로 생기는 게 너무 많은 게 현실이에요. 그때 시대와 분위기에 맞게 변화하는 것 같아요.

아이돌 연습생 생활은 어땠는지 궁금합니다.

두 번 다시는 하고 싶지 않아요. 이 기간이 정말로 너무 힘들어요. 당시 대형 기획사의 연습 체제를 막 도입한 때였어요. 멤버가 모이고 연습생 생활을 하는데, 10시부터 12시까지 헬스, 12시에 연습실로 이동, 12시 반부터 1시 반까지 점심식사, 1시 반부터 4시까지 춤 연습, 4시 반부터 6시 반까지 보컬수업, 6시 반부터 7시 반까지 저녁식사, 7시 반부터 10시까지 안무……. 이걸 매일 했다고 생각하시면 돼요. 3일에 한 번씩 저울로 몸무게 검사를 했고요.

연습생은 연습생 계약이 따로 있어요. 처음에 5년 계약을 했다면 2년 연습생 기간을 보내고 데

뷔를 하면 계약이 3년이 남았다고 생각하는데, 그게 아니라 데뷔 직전에 다시 본 계약을 또 하는 거죠. 사실 그 때 당시에는 이게 문제라고 생각을 안했어요. '뜨기만 하면 무슨 상관이야'라고 생각한거죠. 물론 상황은 회사마다 다를 수 있어요.

저희는 숙소 생활은 안 했어요. 생각보다 많은 기획사가 숙소를 지원하지 않아요. 비용이 어마어마하거든요. 자금이 있는 회사라면 지원을 하겠지만 그렇지 않은 회사가 더 많아요. 아직 데뷔도 안 한 연습생에게 그 정도 투자를 하기가 쉽지 않죠. 또, 숙소생활을 하면 엄청 싸우기도 하고요. 어린 친구들이 한 집에 모여 있으면 문제가 생길 여지가 분명히 있죠.

Question 아이돌 연습생 생활이 힘들었던 이유가 더 있을까요?

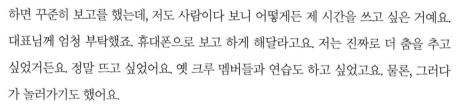

연습생은 돈을 벌지 않기 때문에 기본적인 생활부터 정말 힘들어요. 통신비, 교통비, 식비만 50만 원 안팎이었죠. 거기에 옷은 입어야 하잖아요. 돈이 없으니까 도매시장에 가서 도매가로 겨우 두 달에 한 벌 사서 입고 그랬어요.

또, 숙소 생활을 안 했으니까, 매일 귀가를 했거든요. 집에 가면 1시간 내에 집 전화로 보고를 해야 했어요. 초반에는 귀가 하면 꾸준히 보고를 했는데, 저도 사람이다 보니 어떻게든 제 시간을 쓰고 싶은 거예요. 대표님께 엄청 부탁했죠. 휴대폰으로 보고 하게 해달라고요. 저는 진짜로 더 춤을 추고 싶었거든요. 정말 뜨고 싶었어요. 옛 크루 멤버들과 연습도 하고 싶었고요. 물론, 그러다 가 놀러가기도 했어요.

데뷔는 확정이지만 시기는 결정되지 않았다는 점도 너무 힘들었어요. 회사에는 트레이너 선생님들이 있는데 멤버들의 데뷔가 늦어지면 이 분들도 의욕이 떨어지고, 저희도 지치게 되죠. 난 어떻게 되는 거지? 언제 데뷔하는 거지? 돈도 없고, 자꾸 자괴감에 빠지게 되더라고요. 헬스장에서 운동하다가 정말 많이 울었어요.

회사 탓을 많이 하게 돼요. 언제 데뷔시켜줄 거냐고 조르게 되는 거죠. 대표님은 아직 준비가 안 됐는데 어떻게 데뷔 하냐는 말씀을 많이 하셨고, 저는 저대로 군대 걱정으로 조바심이 났어요.

저희는 그래도 데뷔가 확정되어 있었는데, 대형기획사 연습생은 고생이 더 심해요. 연습생 생활을 얼마나 해야 하는지도 정해지지 않은 상황이니 자괴감이 더 심할 거예요. 연습생이 정말 힘든 이유죠.

Question 아이돌로 활동하는 일은 어떤 경험이었나요?

저희는 2010년부터 2012년까지 3년 정도 활동했어요. 앨범은 4개를 냈고요. 사실 활동을 엄청 활발히 하진 못했어요. 2주에 한 번 방송에 나가기도 했고요. 그래도 활동은 재밌게 했는데, 적응을 잘 못한 친구도 있었어요. 활동을 하다가 멤버 교체도 있었고요. 8명으로 시작했는데 7명이 되었다가 6명이 되었다가 다시 7명이 되고 그랬죠.

정말 너무 많은 그룹들이 생겼다가 사라져요. 아이돌이 더 그런 것 같고요.

Question 아이돌이라서 겪었던 특이 사항이 있다면요?

아무래도 음악방송에 따라와주는 팬들이 너무 고맙고 감사한 것 같아요. 그때 당시에는 많이 생각하지 못했던 것 같아요. '조금 더 잘해줄 걸' 생각이 많이 들어요. 팬들이 있기 때문에 가수가 있거든요. 팬들이 음악방송 무대를 채우는 힘이 되고, 콘서트를 하는 이유가 되고요. 팬들이 보내주는 여러 가지 선물들이 저희를 살게 해줬죠.

아, 데뷔하고 나서 바로 정산이 되진 않아요. 왜냐하면 회사에서 저희를 데뷔시키기 위해 쓴 돈이 몇 억이 되는데, 그 돈을 어디서 투자받아 오는 게 아니고 오롯이 회사 돈을 쏟는 거거든요. 회사 입장도 이해는 돼요. 그걸 해결하고 나서 정산을 하는 게 맞지 않나 싶고요. 언젠가 방송에서 꽤 활동했던 모 그룹이 '얼마 전에 정산 받았다'고 이야기하고 그랬잖아요? 그 이야기예요.

Question 가수가 되고나서 새롭게 알게 된 점이 있나요?

너무 철이 들고 나서 아이돌을 하게 돼서 조금 어렸을 때 시작 했어야 했나, 생각한 적이 있어요. 팬들과 대화하는 데 "어~ 왔어?" 이런 식으로 다정하게 할 수는 있는데 "밥은 먹었니?" 같은 말을 하는 제가 너무 웃기더라고요. 소통하기가 어려웠어요.

가수,
어느 것 보다
더 쉽지는
않다

▶ 'K-POP 최강 서바이벌' 안무선생 역

▶ '평창 동계올림픽' 폐막식에서 루프댄스

▶ 2019년 독일 템포트로 공연

▶ 2019년 서울시 비보이 <엠비크루> 프로필

예전에는 흔히들 얘기하는 길거리 캐스팅이 거의 전부였어요. 길가다가 춤추거나 노래 좀 부르는 사람들, 또는 잘생기거나 예쁜 친구들이 있으면 명함을 줬죠. 그런데 이런 방법이 하루 아침에 다 사라졌어요. 요즘에는 인터넷으로 전부 해결이 되거든요. 어디 회사에서 언제 어디서 오디션을 연다고 공고를 내면, 지원자들이 알아서 찾아오게 됐죠. 홍보팀 매니저들이 오디션 카페 같은 곳을 이용하기도 해요. 요즘엔 학원도 엄청 많아서 학원에서 오디션을 열기도 하고요. 회사에서 학원으로 오디션을 요청하기도 해요. 캐스팅 방법이 굉장히 다양해졌어요.

최근에는 SNS를 통해서도 캐스팅을 한다고 해요. 또, 유명 고등학교에서도 회사와 연결이 되고요. 다들 알고 계시는 한림예고가 대표적인 학교죠. 저희 때는 안양예고가 유명했어요. 거기 가면 가수가 많이들 된다는 이야기도 나왔죠. 지금은 대부분이 회사나 학원 오디션을 통해서 이뤄지는 것 같아요.

아이돌 그룹에서 듀엣 가수로 전향하게 된 계기가 있을까요?

부모님이 편찮으셔서 아이돌을 그만두게 됐어요. 당시 그룹이 잘 되지 않아서 부모님이 엄청 뒷바라지를 해주셨어요. 이제는 제가 돈을 벌어야 하는 상황이 된 거죠. 대표님께 솔직히 말씀드리고 그만두게 됐어요. 사실, 나쁜 대표님이었다면 말도 안 되는 소리라고 했겠죠. 하지만, 저희 대표님이 정말 좋으셨어요. 감사하게도 상황을 이해해주시고 계약해지를 해주셨죠. 지금도 연락하고 잘 지내고 있어요.

아무튼 다시 시작을 해야 하는 상황이었는데, 가수를 그만 두고 싶진 않았어요. 이쪽 분야에서 돈을 벌면서 할 수 있는 일을 찾아야겠다고 마음 먹은 거죠. 제가 좋아하고 잘할 수 있는 일이니까요. 중간에 클럽에서 일하면서 어찌어찌 돈을 모았어요. 그래서 300만원을 가지고 친구와 함께 앨범을 냈는데, 그게 현재의 힙합듀오 <듀넘>이에요. 듀넘의 앨범 활동과 여러 엔터테인먼트 일을 병행하면서 이쪽 분야에서 다양하게 돈을 벌게 됐어요.

요즘의 하루 일과가 궁금합니다.

눈을 뜨면 현재 운영 중인 회사 연습실로 출근하죠. 공연기획, 강의, 앨범제작, 콘텐츠 제작, 미팅 등 다양한 일을 하고 있어요. 오후부터는 멤버들과 연습을 합니다. 멤버들이 가고 나면 그때 가사를 적거나 노래 연습을 하며 끊임없이 음악에 대해 생각하고 노력하고 있어요. 아무래도 혼자 있는 시간에 아이디어가 가장 많이 나오는 것 같아요. 그러고 나면 늘 새벽 1시나 2시쯤 집에 들어가요. 공연이나 방송, 대회가 있을 때 말고는, 보통 위의 내용 같이 일과를 보내고 있습니다. 물론 친구들을 만나서 대화도 하고 식사도 하지만, 자주 그렇게 하지는 못해서 좀 아쉽기는 합니다.

Question '가수'라는 직업의 매력이 있다면요?

가수가 되면 내가 나를 안 꾸며도 나를 꾸며주는 사람이 있어요. 차 운전도 누가 대신 해주고, 화장도 누가 옆에서 해줘요. 너무 솔직한가요?

그렇게 무대에 서면 내 이야기를 온 몸으로 표현할 수 있어요. 그게 노래를 통해서건 춤을 통해서건 말이죠.

Question 가수 다음의 커리어도 준비하고 계신가요?

평생 무대에 설 수 있는 유명한 가수가 되는 것이 모든 가수의 꿈이겠지만, 사실 그러기는 힘들어요. 시간이 흐르면 내 삶의 방향도, 사회의 트렌드도 계속 바뀌기 때문이지요. 이걸 잘 맞닥뜨리기 위해선 항상 '다음'이 있어야 해요. 어떤 시도를 해볼 것인지, 시도를 어떻게 설계할 것인지 미래를 예측하고 고민하는 것이 중요합니다.

 **Question** 학창시절부터 20대까지 많은 시간을
일에 할애했는데, 혹 아쉬운 점은 없나요?

가수들은 이 부분이 상당히 어려워요. 요즘 아이돌 분들은 어릴 때부터 연습생 생활을 하기 때문에 학교에서 보내는 시간이 없어요. 학교 친구들이 그래서 정말 없죠. 저는 상황이 다르지만, 다른 친구들이 학원가고 놀러갈 때 따로 춤을 추러 다녔기 때문에, 매일 학교-연습실-학교-연습실 하다보니 학교에서 친구를 많이 사귀진 못했어요. 고등학교 때 친구가 단 3명밖에 없네요.

지금도 너무 아쉬운 것 중 하나가, 친구들이랑 길거리에서 떡볶이 먹고 놀러 다닌 기억이 거의 없는 거예요. 학창시절 친구들이랑 딱 두 번 놀러가 본 게 다에요. 중학교 때 한 번, 고등학교 때 한 번. 셀 수 있다는 게 마음 아픈 것 같아요.

또, 이런 일도 있었어요. 제가 괴롭힘을 좀 당했어요. 다른 반 힘 있는 친구들이 저희 반으로 와서 춤춰보라고 강제로 시키고 그랬죠. 그 땐 무서워서 춤을 췄었는데, 가끔 반 친구들이 그러지 말라고 막아주기도 했어요. 저희 반 친구들과는 친하게 지냈거든요.

고등학교 3학년 때 춤추기 전까지는 고등학교에서는 별로 좋은 기억이 없는 것 같아요. 가수가 되기 위해 포기해야 하는 부분 중에 가장 큰 부분이지 않을까 싶어요.

지인 혹은 가족들에게 '가수'라는 직업을 추천할 수 있나요?

정말 하고 싶다면요.

한 순간에 빵 뜨고 싶다는 생각은 가지지 않아야 해요. 가늘고 길게 가는 가수가 똑똑한 가수인 것 같아요. 한 순간에 뜬 가수는 시간이 지날수록 인기가 떨어지기 쉽잖아요. 그걸 버티는 멘탈을 갖는 건 정말 쉽지 않은 것 같거든요.

무엇보다 '이거 아니면 안 돼'라는 생각이 있어야 해요. 제가 트레이너 선생님들께 정말 많이 들은 말이, '너흰 너무 절실하지 않아'였어요. 무슨 일이든 분명히 다 힘들겠지만, '가수'라는 직업을 갖기를 원하는 사람이 너무 많아요. 그렇기 때문에 그 누구보다 절실 해야 해요.

이런 생각이 있다면 가수라는 멋진 직업을 향해 행복하게 나아갔으면 좋겠어요.

 **마지막으로, 가수를 꿈꾸는 학생들에게 해줄 말씀이 있으실까요?**

가수에게 가장 필요한 건, 제 생각에 첫째는 인성이에요. 아무리 노래를 잘 부르고 춤을 잘 추더라도, 세계에서 1위를 하더라도 건방지면 안돼요. 여기저기 돌아다니다 보니 노력은 당연한 것이고 잘하는 사람은 너무 많아요. 아무리 날고 뛰어도 세상은 그것보다 더 넓어요. 끊임없이 자신을 연구하고 개발해야 해요.

두 번째는, 기왕 할 것 '어떻게 할 건지'를 생각 해야 해요. 예를 들어, 'JYP에 들어갈 거야!'가 아니라 'JYP를 어떻게 들어갈 거야!'가 있어야 된다는 거죠. 내 자신이 왜 가수를 해야 하고, 가수가 되기 위해 난 어떤 것을 하고 있는지, 어떤 것을 해야 할지 계획했으면 해요.

마지막으로는 제가 직접 겪어본 결과, 가수가 '다른 직업보다 결코 더 쉬운 일'은 아닌 것 같다고 얘기하고 싶어요. 쉽지 않아요.

평범하게 살고 싶었다. 학창시절 꿈은 언제나 '회사원'. 대학교에 진학할 때도 기준은 '무난한' 과였다. 그처럼 무던한 삶을 군대가 뒤바꿨다. 시간이 아까워지기 시작했다. 하루 두 시간이 덜 되는 자유시간에 아득바득 계획을 채워넣었다. 사소한 목표를 매일 이뤄가는 것이 그렇게 재미있을 줄 몰랐다. 제대 후에도 끊임없이 새로운 일에 도전하다가 현재 활동 중인 밴드 <오빠딸>의 멤버들을 만났다. 버스킹으로 시작했던 일이 무대가 되고 계약이 되는 동안, 수많은 고민을 헤치며 성장해온 그는 현재도 소년과 사나이의 과도기적 단계에 있는 감성을 노래하는 하는 팀, 오빠딸에서 행복한 활동을 잇고 있다.

오빠야문열어딸기사왔어
최벌 | 최현익

경력
- 밴드 <오빠야문열어딸기사왔어(오빠딸)> 활동

수상
- 2015 대구 김광석 대회 대상
- 2016 코엑스 버스킹라이징스타 최우수상
- 2017 충남 음악창작소 I'm a musician 대상
- 2018 KT&G홍대상상마당 공연

가수의 스케줄

최현익
가수의
하루

08:00 ~ 08:30
▶ 기상 및 아침식사

08:30 ~ 09:00
▶ 연습실 도착

09:00 ~ 11:00
▶ 개인연습

22:00 ~ 24:00
▶ 다양한 장르 음악
　무작위 청취

24:00 ~
▶ 취침

18:00 ~ 19:00
▶ 저녁 식사

19:00 ~ 22:00
▶ 신곡 작업(작곡 및 편곡)

11:00 ~ 12:00
▶ 공연전 set list 합주

12:00 ~ 13:00
▶ 공연장 이동

16:00 ~ 16:30
▶ 악기 손질 및 점검

16:30 ~ 18:00
▶ 연습생 레슨

13:00 ~ 14:00
▶ 공연 & 행사

14:00 ~ 16:00
▶ 점심식사 및 복귀

꿈을 찾는
꿈

▶ 대학교 동기들과 함께

▶ 2015년 농촌봉사활동

▶ 2018년 졸업식

Question 최현익 님의 학창시절을 소개해주세요

초등학교에 다닐 때는 축구선수가 꿈이었는데, 축구부가 없는 일반 중학교에 진학하면서부터는 꿈이라는 게 없었어요. 매번 꿈을 적는 시간이 되면 그냥 '회사원'이라고만 썼던 기억이 나요. 가장 무난하잖아요. 구체적인 질문을 받을 걱정도 없고요. '공부 열심히 해서 대기업의 회사원이 되겠습니다'라고만 적었어요.

중학교 때는 성적이 좋은 편이었는데, 그때도 느꼈던 거지만 학업에 뜻이 있고 공부가 재미있었던 건 아니었어요. 조금만 심화 내용으로 들어가도 밑천이 드러날 거라고, 스스로 인지하고 있었던 것 같아요.

예상한 대로 고등학교로 진학한 후에 성적이 많이 떨어졌어요. 중학교 때는 전교 10등 안에 들었던 저였는데, 고등학교 때는 반에서 10등 안에 들었던 적이 없어요. 밑천이 드러난 셈 이죠. 성적이 떨어지니 집에서도 걱정하고 저도 걱정이 돼서 학원을 다니고 과외를 했어요. 남들 하는 건 다 해야겠다는 생각이었죠. 지금 생각해보면 불안감에 그랬던 것 같아요. 그렇게 학창시절을 보내다가 충남대학교에 진학하게 됐어요.

Question 전공은 어떻게 결정하셨나요?

대학교를 경영학과로 진학 했어요. 정말 '무난한' 과라고 생각했거든요. 중고등학교 때 적어냈던 꿈 '회사원'과 비슷하게, 그냥 타과에 비해 특수성을 많이 띄지 않는 학과로 진학했어요. 특정 분야에 재능은 없다고 생각했었기 때문인 것 같아요. 조금 늦게 말한 감이 있지만, 저는 이때까지도 피아노를 전혀 못 쳤어요. 초등학교 때, 남들 다 다니는 피아노 학원도 2주 정도 하고 그만뒀고요. 어렸을 적 노래하는 것은 좀 좋아했는데, 악기에는 전혀 흥미가 없었던 것 같아요.

대학교 생활은 어땠나요?

1년 정도 대학생활을 즐기다 군대에 갔는데요, 군대가 제 삶을 정말 많이 바꿔놓았어요. 군대에서 처음 배운 사실이 있어요. '하루는 정말 짧다'. 아이러니하죠. 군대를 흔히 '정신과 시간의 방'이라고 표현하잖아요. 시간이 안 가서요. 이상해서 '왜 이런 생각이 들었나' 생각해봤는데, 내가 주체적으로 활동할 수 있는 시간이 하루에 몇 시간 안 됐던 거예요. 아침 6시에 기상해서 저녁 10시에 침상에 누울 때까지 제게 주어진 개인시간은 기껏해야 2시간 남짓이었어요. 그것도 이등병 때는 다른 허드렛일을 해야 하니 더욱 짧았죠. '이렇게 전역하면 군대에서의 2년은 내 인생에서 없었던 시간이 돼 버리는 게 아닐까'라는 생각이 늘었어요.

그래서 하루는 개인정비시간에 노트를 펴고 내일 하루의 계획과 2년짜리 계획을 짜봤어요. 처음에는 개인정비시간 2시간이 꽉 차게 계획을 짰는데, 2시간을 내 마음대로 쓸 수 있는 날이 많지 않더라고요. 근무라도 겹치면 아예 못 쓰는 날도 있었죠. 그래서 계획을 변경했어요. '일과 시간에도 달성할 수 있는 계획을 세워보자'라고요.

정말 간단한 것부터 시작했어요. 선임에게 크게 인사하기, 실수 안하기, 창고 물품재고 확인하기, 힘든 후임 찾아가서 얘기 들어주기 등. 이게 무슨 계획이냐고 생각할 수도 있는 계획을요. 근데 그런 계획이라도 세우고 하루하루 완벽하게 달성하다보니까 제가 쓸모 있는 사람이 되는 기분인 거예요. 발전한 것 같고. 실제로도 많이 발전 했고요.

사실 저는 군대 가기 전까지는 사람들 눈을 잘 못 마주쳤어요. 허공을 보면서 대화하고, 만나거나 전화로 얘기하는 것보다는 문자나 메신저가 더 편했어요. 군대에서 매일 이뤄낸 사소한 계획들이 이런 성향을 바꾸는 데 영향을 충분히 끼친 것 같아요.

하지만 꼭 군대에 가야만 저런 변화를 경험할 수 있는 것은 아닐 거예요. 어디서라도 사람이 180도 정도 바뀌려고 마음을 먹는 '계기'가 있으면 된다고 생각하는데, 저는 그게 군대였던 거죠.

제대 후에는 어떤 활동을 했나요?

전역하고 나서 상당히 바쁘게 움직였던 것 같아요. 대외활동이란 대외활동은 시간이 되는 대로 다 신청했어요. 기간이 겹친 활동이 3개나 있었죠. 영어회화, 멘토링, 중학교 수학 선생님, UN세계 평화의 날, 바리스타 클래스……. 정말 많은 일을 했어요.

하루하루 시간이 아까웠어요. 똑같이 주어진 24시간을 어떻게 하면 더 효율적으로 쓸 수 있을까 고민했죠. 하루가 너무 아까워서 잘 시간에 짜증이 난 적도 있어요. 한편으로는 이렇게 가리지 않고 활동 하다 보면 내가 정말로 원하는 일을 발견할 수 있지 않을까, 하는 기대도 있었어요. 하루 빨리 원하는 일을 찾고 싶었죠. 그리고 그곳에 투자하고 싶었어요. 제 젊음을요.

대외활동은 이후의 진로에 도움이 되었나요?

앞서 말했듯 대외활동을 많이 했어요. 동아리회장과 학과회장도 같이 했고요. 그렇게 활동하다 보니까 부족한 부분과 잘할 수 있는 부분을 스스로 파악하게 되더라고요. 부족한 부분은 채우려고, 잘할 수 있는 부분은 더 발전시키려고 노력했죠.

구체적으로 예를 들면, 저는 일을 벌이기는 잘하는데 끝맺음이 부족했어요. '기승전'까지는 정말 많은 일을 하는데, 욕심으로 너무 많은 것을 펼쳐놓다 보니까 끝에 가서는 스스로 지쳐버리는 경향이 있었죠.

잘하는 부분은 화합이었어요. 어떤 단체에서, 분위기를 띄우거나 이끄는 능력은 좋았어요. 소외되는 아이가 있으면 그 아이가 제 장점을 스스로 알아채게끔 대화를 유도하거나 화목한 분위기를 만들어 자신의 능력을 펼칠 수 있도록 도와주는 역할을 많이 했죠. 내성적인 아이들도 겪어보면 다들 자기 생각이 뚜렷했고, 특별한 관점을 갖고 있었어요.

이런 과정이 나중에 가수로서 활동하는 데도 도움이 됐어요. 초점을 맞출 곳을 대중의 마음을 끄는 멜로디, 악기연주, 가사 등으로 줄일 수 있었고, 많은 관객 앞 무대에서도 긴장을 덜 하게 된 것 같고요.

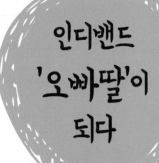

인디밴드
'오빠딸'이
되다

▶ 2018년 'M-COUNTDOWN' 무대에서

▶ 2018년 뮤직뱅크 출연 당시

▶ 포털사이트 네이버 프로필 사진

'가수'를 진로로 생각한 것은 언제부터였나요?

본격적으로 음악인의 길을 걷게 된 것은 정말 우연한 계기에서였어요. 다양한 대외활동에 도전하던 중, KT&G에서 주최하는 '상상유니브'라는 대학생 커뮤니티 활동에 참여하게 됐는데요, 각지의 대학생들이 모여서 원하는 취미 활동 클래스에 참여하는 활동이었어요. 그중에 보컬 클래스가 있었어요. 머릿속에 뭔가 찌릿하고 스쳐지나갔어요. '아, 나 음악에 관심이 있었지' 하고요. 나 자신에 대해 알아보고 있던 중에 잊고 있던 음악에 대한 관심이 떠오른 거죠. 그렇게 시작한 보컬 클래스에서 마음이 잘 통하는 형과 동생을 만났고 그 사람들과 취미로 음악을 함께하기 시작했어요.

Question

가수 활동을 시작하게 된 계기가 궁금해요

KT&G에서 보컬클래스를 듣다가 현재의 팀 <오빠딸>이 되었는데, 처음에는 취미로 버스킹 몇 번 하고 그만할 줄 알았어요. 그런데 공연 관계자 분이 지나가시다가 저희를 본 거예요. 대전 엑스포에서 열리는 어떤 축제에 섭외를 해주셨어요. 물방울 만드는 버블아티스트도 있고, 다양한 퍼포먼스 팀들이 모인 데였는데, 거기서 공연을 해달라는 거예요. 메인무대는 아니었고, 자투리 시간에 끼워 넣는 공연이었지만요.

많은 아티스트를 보는 분이 우리 팀을 선택한 데는 분명히 이유가 있다고 생각했어요. 나중에 들어보니 '쟤네들 되게 재밌게 공연 한다'라고 생각하셨대요. 이후로 우리 스스로도 '우리에게 남들에게 보이지 않는 특수성이 있는 게 아닐까?'라고 생각하기 시작하면서 용기가 생긴 것 같아요.

여담인데, 그 공연에서 8곡을 부르고 받은 보수는 맥주 한 잔씩이었어요. 하지만 불만은 전혀 없었어요. 공연이 잡히고 열심히 준비하면서, 오랫동안 느껴보지 못한 희열을 느꼈던 것 같아요. '내가 남들 앞에서 공연을 할 정도로 괜찮은 사람인가?', '그렇다면 조금 더 나은 모습이 되어야지'라는 생각이 들더라고요. 음악인의 길을 선택하게 된 이유죠.

Question 이제까지 어떤 활동을 하셨는지 소개해주세요.

2015년부터 2017년까지 3년간은 오빠딸로 버스킹을 했어요. 와중에 공연섭외가 들어와 몇 번하게 되었고, 발생된 수익을 모아서 연습실을 차리게 됐죠. 경연대회나 공연에 많이 나갔는데, 그러다 보니까 저희를 마음에 들어하는 소속사도 생겼어요. 계약을 하고 음악방송에도 출연하고, 큰 공연에 설 수 있는 기회도 많이 얻었죠.

제 생각은 그런 것 같아요. 기회는 언제든지 찾아올 수 있지만, 그 기회를 한 순간의 것으로 넘기지 않기 위해서는 실력을 갖추고 있어야 돼요. 실력을 갖추기 위해서는 결국 노력이 필요하고요. 계속 부족한 부분을 발견하고 스스로 채워나가야 돼요. 저도 그렇게 하고 있고요. 하지만 중요한 게 하나 있어요. 부족함을 발견하면서 자책하고 자괴감을 느껴서는 절대 안 돼요.

가수가 되고 가장 처음 한 일은 무엇인가요?

처음으로 방송에 출연하게 된 날짜를 기준으로 한다면, 2018년 3월 14일 화이트데이 날이네요. 그때 무대를 마치고 내려와서 집에 바로 전화를 했어요. 가족들이 생방송으로 보고 있었고, 너무나 좋아하셨죠. 음악을 취미로만 하는 줄 알았던 내 아들이, TV에 나와서 연주를 한다고 하니까 얼마나 좋아하셨는지 몰라요.

Question **가수가 되고 나서 직업에 대해 새롭게 알게 된 점이 있나요?**

저는 이 말을 굉장히 좋아해요. '누구나 할 수 있지만, 아무나 할 수는 없다'. 정말 맞는 말이에요. 누구나 할 수는 있어요. 저부터도 음악 전공이 아니고 피아노를 쳐봤던 사람도 아닌데 어느 순간 피아노에 흥미를 가지고 배우다 보니 가수가 되었잖아요? 하지만 분명한 건 그 결과 속에 스스로 끊임없이 고뇌하고 분석하고 노력한 흔적이 남아있단 거예요.

Question **하루 일과가 주로 어떻게 되시나요?**

밴드의 자작곡을 쓰기도 하고 요새는 훗날 나올 저의 개인 곡을 쓰고 있어요. 쓴 곡에 각종 악기를 추가해서 어떻게 편곡을 할지 구상하기도 하고요. 그 와중에 기본기 연습은 매일해요. 손가락 풀기라든지 표정 연습도요. 중요해요.

요즘은 음악시장이 정말 넓어졌어요. 제가 학교다닐 때는 '버스킹'이라는 단어도 들어본 적이 없었는데, 어느 순간 버스킹이 정말 활성화 됐잖아요. TV에서도 정말 많은 오디션 프로그램이 방영되고요. 가수가 될 수 있는 방법과 가수를 소비하는 방법이 정말 많아졌어요. 그 속에서 살아남고 더 뛰어난 가수가 되려면 '특수성'을 보여줘야 해요. 남들과 똑같아서는 살아남을 수가 없어요.

예컨대, 저는 밴드에서 피아노 연주와 코러스 보컬을 하고 있지만, 상황에 따라서 멜로디언 연주를 하기도 해요. 멜로디언을 쓴다고 하면 신기해하시는 분들이 많으세요. '멜로디언' 하면 초등학교 때 쓰던 장난감이 먼저 떠오르는 데다, 밴드는 격렬한 음악을 할 것 같은데 멜로디언은 아기자기한 악기니까요. 멜로디언이 사람들의 이목을 많이 집중시키더라고요.

저는 거기서 저만의 무기를 더 발견했어요. 멜로디언을 불면서 춤을 추기도 하거든요. 자주 하다보니까 그 무대를 보려고 오는 관객 분도 하나둘씩 생기기 시작했어요. 그럴 때 뿌듯함을 느끼죠. '내가 잘 하고 있는 거구나' 하고요. 이런 것처럼 자신만의 특수성을 만들어보세요. 멜로디언을 연주하는 사람이 있을 수 있어요. 하지만 멜로디언을 불면서 춤까지 추는 사람은 한국에는 아직까지 저밖에 없을 거예요. 하하.

가수로
일한다는
것

▶ 프로필 사진

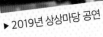

▶ 2019년 상상마당 공연

▶ 2019년 홍대 네스트나다 공연

 ## 가수는 어떤 직업인가요?

정말 끊임없이 배워야하는 직업이에요. 요즘에는 가수가 노래만 잘해서는 안 되고, 밴드가 연주만 잘해서는 안 돼요. 내가 가수라도 악기를 다룰 줄 알아야 하고, 작곡프로그램도 다룰 줄 알아야 해요. 피아노를 치더라도, 피아노만 쳐서는 안 되죠. 노래도 잘해야 하고 멜로디언을 불면서 춤을 추는 식의, 자신만의 정체성을 만들어야 해요.

공급이 많아졌기 때문에 소비자들도 굳이 자신이 원하지 않는 가수를 시간과 돈을 들여서 쳐다보지 않아요. 그들의 눈에 띄려면, 그리고 내가 정말 원하는 음악을 하려면 음악의 전반적인 분야를 다 꿰뚫고 있어야 하는 것 같아요.

Question ## 가수로 일한다는 것은 어떤 경험인가요?

가수는 자신이 얼마나 실천하는가에 따라 한발 나아갈지 그러지 못할지가 결정되는 직업이라고 생각해요. 다른 직업도 그렇지만 가수는 특히요.

가수는 시스템에 얽매여 있지 않아요. 자신이 일하는 시간을 선택하고 일의 양도 조절할 수 있죠. 하지만 '자유에는 대가가 따른다'고 하잖아요? 가수는 자신이 투자한 시간이 많을수록 성장하고 발전해요. 내가 오늘 1시간 일하면 1시간만큼의 효과가 훗날 나타나고 10시간 일하면 10시간만큼의 효과가 또 나타나고요.

Question 진정한 '가수'란 무엇일까요?

그런 고민을 한 적이 있어요. 만약 취미로 노래를 하다가 돈을 모아서 앨범을 내면 그 도 가수인 걸까? 아니면 이름만 대면 아는 그런 가수들만 가수로 봐야 하는 걸까? 결론은 이랬습니다. 내가 취미로 앨범을 낸 사람이라도 스스로 자부심을 느낀다면 그게 가수인 거다. 엄청난 명성을 얻어야만 가수가 되는 건 아니라고 생각해요.

Question 가수 활동을 하는 데 힘이 되는 멘토가 있나요?

2살 차이나는 저의 친척 형이에요. 형은 아마도 제가 영향을 많이 받았다는 것을 모르겠지만, 형의 생각이나 추진력이 저랑 좀 비슷하다고 느끼거든요. 형도 학창시절에 학업 외에 다른 분야에 관심이 많아서 이것저것 하다가 현재는 이태원에 있는 외국계 회사에서 일하고 있어요.

학업 외적인 것들에 대한 흥미가 남들이 다루지 못하는 프로그램을 배우게도 하고, 다루게도 하고, 그러다 보니 승진도 빠르더라고요. 간단한 영어만 할 줄 알았던 형이 어느 순간 영어로 인터뷰를 하고 있는데, 그런 열정과 노력을 보면서 많이 힘을 얻죠. 이것저것 해본 경험이 예상치도 못한 곳에 쓰이기도 하는 것 같아요. 단점이 되지는 않는 것 같고요.

'정말 자신이 행복해질 수 있는 일'이 제 기준이에요. 행복이라는 게 꼭 특정한 재능을 발휘해야만 닿을 수 있는 것이라고는 생각 안 해요. 예를 들어, 누군가에게는 대기업에 취업을 해서 돈을 많이 벌어 가정을 꾸리고 사는 게 행복일 수 있죠. 대기업 입사가 그에게 행복한 진로일 거고요. 저는 그게 음악이었어요. 제가 평생 행복해하면서 할 수 있는 일이라고 생각했죠.

저는 제 공연을 보러오는 관객들과 생각, 감정을 공유한다고 생각하거든요? 그게 너무 행복해요. 내 감정에 공감을 해주는 사람이 있다는 게요. 저는 훗날 돌아봐도 후회 없을 것 같은 일을 하고 싶어요. 저는 매일매일 음악 작업하는 게 행복했었고, 행복하고, 앞으로도 행복할 것 같아요.

Question 가수를 꿈꾸는 학생들에게 한 마디 부탁드려요.

'욜로(YOLO)'라는 말이 있잖아요. You Only Live Once, '인생은 한번뿐'이라는 말인데, 이 말을 '인생은 한번뿐이니 즐기며 살라'보다는 '인생은 한번뿐이니 신중히 살라'는 말로 읽었으면 해요. 인생은 정말 짧거든요.

음악인이 되고 싶다면, 하루하루 일상 속에서 마주치는 것들을 오감으로 느끼는 시간을 한번 가져보는 것도 좋을 것 같아요. 그리고 그것을 어떤 방법을 통해서든 표현해보세요. 가사를 붙인 멜로디도 좋고 기타, 피아노, 드럼 등 어떠한 악기로도 좋아요. 그렇게 자신만의 언어를 만들어 가는 시간을 가지는 것이 중요해요.

주변사람들의 시선과 행동에 이끌리지 말고 자신이 행복할 수 있는 일을 하세요. 동기는 단순히 '노래 부르는 것이 좋아서'를 넘어서서 '내가 평생 노래 불러도 행복 하겠다'가 돼야 해요. 창밖에 내리는 비를 보면 그 분위기를 가사에 담고 악기로 연주 할 수 있는, 그런 감수성을 가지고 있는 사람이라면 가수를 직업으로 삼을 수 있을 것 같아요.

응원합니다! 언젠가 같은 무대에서 공연하는 날이 오기를!

중학교 때부터 아르바이트를 했다. 빨리 돈을 벌고 싶었다. '가수'라는 꿈은 잠시 미뤄두고 열심히 돈을 벌었다. 카페에서, 이벤트 회사에서, 고물상에서 일했다. 가끔은 춤과 노래를 배우면서 꿈을 당겨보기도 했지만, 상황 상 다시 아르바이트로 돌아가기가 일쑤였다. 텔레비전에서 함께 음악을 배우던 친구들이 노래하는 모습을 보면 순간 당황하기도 했다. 그러던 중 누나가 제안을 던졌다. '너 다시 노래 안 해볼래?' 하고.

온갖 오디션 프로그램에 나갔고, 때로는 낙방하면서 학원에 함께 다녔던 10년 지기 친구 두 명과 버스킹 그룹 <세자전거>를 꾸렸다. 오치영, 조관영, 변정혁. <세자전거>라는 이름으로 뭉친 세 사람은 나름의 전략으로 지역대회와 행사를 뛰기 시작했다. 팬텀싱어, 슈퍼맨이 돌아왔다, 판타스틱듀오 등 방송에 출연할 기회도 생겼다.

오치영은 현재, 세자전거 활동을 계속하면서 제이엠엔터테인먼트라는 자체 소속사를 운영한다. 또, '참좋은학교'라는 이름의 대안학교에서 실용음악 강의를 하는 등 활발한 활동을 펼치고 있다.

보컬 그룹 <세자전거>
오치영

경력
- 2014 콘텐츠큐브 소속 전속가수
- 2015 토리미디어 소속 전속가수
- 2017 제이엠엔터테인먼트 대표
- 2017 참좋은학교 실용음악 교사
- 2018 시흥시문화홍보대사

수상
- 2015 대구포크송콘테스트 대상 (대구포크페스티벌)
- 2015 통일가요제 대상 (엔케이워치)
- 2016 파주포크송콘테스트 은상 (파주시장,경기관광공사)
- 2016 부천전국버스킹대회 동상 (부천시장, 추진위원장)

가수의 스케줄

오치영
가수의
하루

08:00 ~ 09:00
▶ 기상 및 샤워
일정정리

09:00 ~ 11:00
▶ 곡 카피 및 개인연습
11:00 ~ 13:00
▶ 각종 사무 및 기획안
작성

13:00 ~ 14:00
▶ 점심식사 및 간식

14:00 ~ 16:00
▶ 가창연습
16:00 ~ 18:00
▶ 팀내 행사 및 의뢰받은
공연 홍보마케팅

18:00 ~ 21:00
▶ 식사 및 가족과 시간
(공연 있을 때는 공연)

21:00 ~ 24:00
▶ 공연
01:00 ~
▶ 취침

빨리
돈을 벌고
싶었죠

▶ 소래고등학교 댄스 동아리

▶ 소래고등학교 시흥시 대회 대상

▶ <어쿠스틱데이> 시절, 서울랜드 뮤직서바이벌 우승

학창시절에는 어떤 학생이었나요?

어릴 때 가정환경이 좋지 않았어요. 가정은 화목했지만, 경제적으로 힘들었어요. 그걸 티내는 게 너무 싫어서 중학교 때부터 아르바이트를 했어요. 친구들에게 맛있는 것도 많이 사주고 그랬네요. 어릴 때부터 가수의 꿈은 있었지만, 그때는 그냥, 무조건 돈을 많이 벌어야 한다는 생각만 했던 것 같아요. 그래서 중학교에서 고등학교로 넘어가는 진학시기에는 '굳이 고등학교를 가야하나?'라는 생각도 많이 했어요.

고등학교 진학 상담을 하면서 담임 선생님께도 말씀을 드렸어요. 검정고시를 통해서 졸업장을 따고, 고등학교 3년 동안은 돈을 벌고 싶다고요. 선생님께서 저를 많이 말리셨어요. 뭘 하든 학교 졸업장은 있어야 할 거라고 말이죠. 학교 다니면서 좀 더 생각해 보라고요. 부모님께서도 똑같이 얘기하시더라고요. 선생님과 부모님의 만류에 결국 고등학교를 가긴 했어요.

혹 비슷한 고민을 하는 친구가 있다면, 꼭 말해주고 싶어요. 당시 아르바이트를 하다 보니까 계속 이렇게 돈 벌면서 살 수 있을 거라고 착각을 했었어요. 잘못된 생각이었죠. 보통은 그런 경제활동을 한다고 해서, 정말로 본인이 본인 생계를 책임지고 있는 게 아니거든요. 아르바이트를 해봤자 얼마나 큰돈이 되겠어요. 내가 입고 먹고 쓰고 있는 모든 것들은 전부 부모님이 마련해주신 건데 말이죠.

학창시절 진로와 관련된 활동을 했었나요?

고등학교 때, 댄스동아리 활동을 하면서 대회를 진짜 많이 나갔어요. 동아리 활동을 하다보면, 도구를 살 돈이 필요한데, 그 돈을 '대회에서 벌어보자' 했던 거죠. 지역에 있는 대회를 굉장히 많이 나갔어요. 그런데 놀랍게도 나갈 때마다 상을 탔어요. 그때 받았던 제일 좋은 상이 '법무부 장관상'일거예요. 유달리 춤을 잘 췄다기보다는, 다른 춤추는 친구들이 하지 않는 걸 해서 그랬던 것 같아요. 당시 춤추는 친구들은 대부분 비보이나 방송안무, 팝핀, 걸스힙합 장르를 췄거든요? 저희는 춤에 '스토리'를 넣었어요. 음악 중간에 갑자기 그때 유행했던 영화나 드라마 대사를 집어넣기도 했고, 걸스힙합으로 시작했다가 갑자기 남자들이 나와서 팝핀을 하기도 하고요. 안무에 특이한 재료를 넣은 거죠. 뮤지컬처럼요. 그러면 진짜 관객 반응이 난리가 나요. 사실 학생들의 수준은 비슷비슷한데, 비슷함 속에서 특별함이 있으니까 볼 만한 공연이 되더라고요.

그때부터 그런 생각을 한 것 같아요. 단순히 하고 싶은걸 해서는 눈에 띌 수 없고, 사람들이 좋아하는 것을 해야 한다는 그런 생각이요. 그때가 고등학교 2학년 때인데, 지금 생각해봐도 참 잘한 일이었다 싶어요.

Question **학창시절 가족 및 친구들과의 관계는 어땠나요?**

친구들과의 사이는 좋았어요. 우선, 중학교나 고등학교 때 댄스동아리도 하고 친한 친구들은 밴드부를 했으니까, 자연스럽게 인싸 생활을 했던 것 같아요. 중학교 3학년 때는 춤을 배워서 친구들에게 보여주기도 했어요. 그때 비보이가 유행했거든요. 당시에 비보이 학원 같은 건 없었고, 그냥 유명한 크루에 들어가서 얼마를 내면 춤을 배울 수 있었어요. 가는 데 2시간이 걸리는 암사동까지 다녔어요. 춤을 배우고, 친구들에게 배운 걸 보여주면 나름 친구들이 멋있게 봐줬어요.

진로결정 시 가장 영향을 많이 준 사람이 있나요?

제가 고등학교 3학년이 되었을 때, 담임 선생님께서 해주셨던 말이 아직도 기억에 남아요. 그때 아버지께 반항심이 있었어요. 학교도 다니기 싫었고, 음악을 하고 싶은 저를 반대하는 아버지가 답답했어요. 저는 제 인생을 살고 싶었어요. 선생님도 이걸 알고 계셨는데, 언젠가 저에게 물어보시는 거예요. "학교도 다니기 싫고, 음악 하고 싶어 하는 건 알겠어. 그런데 네가 정말 원하는 게 뭐니? 그러겠다고 우기는 게 목적이니? 아니면 그걸 해서 결과를 얻어내는 게 목적이니?" 하고요. 결과를 얻어내는 게 목적이라고 했더니, 선생님께서 이렇게 말씀하셨어요. "그렇다면 지금 그렇게 세상을 마주하면 안 돼"라고요. 의견이 받아들여지지 않는 건, 말 자체의 잘못보다 말하는 태도의 문제일 수도 있다고 하시더라고요. 제 태도가 무례하게 보일 수도 있다고요. 그때부터 생각을 고쳐먹었죠. 내가 하고 싶은 일을 다른 누군가에게 소개할 때, 그런데 그 이야기가 잘 받아들여지지 않을 때는 제일 먼저 나부터 점검하는 게 중요하다는 걸 깨달았죠. 내 목적이 명확하다면 말이죠.

가수 이전의 직업은 무엇이었나요?

스무 살 이전에는, 친지들이 하던 건설현장에서 하루 일당 받고 일을 주로 했어요. 일용직이었어요. 스무 살 이후에는 커피숍이나 이벤트 회사에서 일을 많이 한 것 같아요. 이벤트 회사에서는 정말 많은 일을 했는데요, 연예인 경호도 해보고, 붉은악마 굿즈를 포장해서 발송도 해보고, 월드컵 프로모션도 했고요. 그러다가 한 브랜드 커피숍에서 되게 오래 일을 했어요. 제가 판타스틱듀오라는 프로그램에서 김수희 선생님과 듀엣을 한 적이 있었는데요, 그때 예명이 '까치산 커피프린스'였어요. 실제로 까치산 커피숍에서 일하고 있던 때였거든요. 그 외에는 보컬트레이너 일도 했고요. 가장 기억에 남는 일은 고물상 일이에요. 부모님이 고불상을 하셨고, 저는 중간상인 역할을 했어요. 어르신들이 길에서 가져온 물건을 받아서 더 큰 곳에 파는 일이에요. 생계를 위해 정말 많은 일을 해 왔네요.

▶ <세자전거> 프로필

다시,
가수를
꿈꾸다

▶ 버스킹하던 시절

▶ KBS '슈퍼맨이돌아왔다' 삼둥이 악어떼삼촌

직접적인 계기가 있어요. 아버지가 조금 일찍 돌아가셔서 생계를 위해 계속 일을 해야 하다 보니까 군대를 늦게 가게 됐어요. 군대에 가서 어느 날 TV를 보는데, 음악을 같이 준비했던 친구들이 다 가수가 돼서 나오는 거예요. 진짜 머리가 띵하더라고요. '나는 음악이 정말 좋고 나도 가수를 꿈꿨는데, 난 왜 이러고 있지?' 생각이 들었던 것 같아요. TV를 틀 때마다, '어? 얘도 나왔네? 얘도? 얘도?' 했죠. 엄청 유명한 친구가 아니라도, 친구들 중에 저 빼고는 음악을 다 하고 있는 거예요. 그때 진짜 정말 너무 힘들었어요. 경제적인 여건 때문에 그만두게 된 거라 마음이 더 아팠죠. 그러다가 전역을 했어요.

그런데, 전역하자마자 누나가 저에게 다시 노래해보지 않겠냐고 제안을 하더라고요. 본인이 지원해 줄 테니 6개월이라도 네가 하고 싶은 것을 도전해봤으면 좋겠다고요. 다행히 누나가 경제적으로 조금 괜찮아지고 있었어요. 누나에게 너무 고마웠죠. 그렇게 다시 음악이라는 끈을 잡고 진짜 제대로 해보자 마음먹은 것 같아요.

오디션 프로그램에서의 에피소드를 들려주세요

전역하고 나서 바로 나갔던 프로그램이 '위대한 탄생'이라는 오디션 프로그램이었어요. 감사하게도 예선을 다 통과하고 캠프까지 가게 됐는데, 제가 정말 좋아하는 박완규 선배님께서 저에게 노래를 너무 잘한다고 칭찬해주시는 거예요. 목소리에 뭔가 진하게 느껴지는 게 있다고요. 자신감을 많이 얻었어요. 비록 캠프에서 떨어지긴 했지만, 그때 정말 열심히 했고 즐거웠으니까요.

요즘 'PD픽'이라고 하죠? 이런 프로가 다 각본이라는 이야기가 돌잖아요? 실제로 드러나기도 했고요. 그런데 저는 사실, 그 방법이 맞을 수도 있겠다는 생각을 해요. 시청자 입장에서는 화가 나고 사기라고 생각하는 게 당연한데, 프로그램을 기획하는 사람들 입장에서는 유명해질 만한 친구들을 밀어줘야 비용 보존이 되니까요. 그들도 도박을 할 순 없는 거겠죠.

제가 나갔던 프로그램에 만약 PD픽이 있었더라도 저는 내가 정말 잘했다면 PD님 눈에 띄었을 거라고 생각해요. PD픽으로 불리는, 뜰 것 같은 친구들이 실력이 없진 않거든요. 내가 그들만큼 잘했다면? 또는 그들보다 잘했다면? 분명히 짜인 각본을 엎어서라도 절 선택했겠죠. 그렇게 되지 못한 것은 나의 실력 탓이라고 생각했고, 이런 생각들로 더 성장할 수 있었던 것 같아요. 그때가 26살이었어요.

또, 그때 한창 인기였던 슈퍼스타K도 나갔고요. 뭐 오디션이란 오디션은 다 봤던 것 같아요.

저희 세자전거는 3명이에요. 한명은 고등학교 2학년 때 처음 만났던 친구고, 다른 학교에서 밴드를 하던 친구였어요. 그냥 누군지만 아는 정도였는데 나중에는 실용음악학원에 같이 다녔어요. 다른 한 명의 친구는 지방에서 올라왔는데 그 학원에 나중에 들어온 친구죠. 모두 학원에서 만난 인연이에요.

학원을 그만두고 나서는 각자 생활을 했어요. 저는 생계를 위해서 일을 했고, 다른 친구들은 각자 음악활동을 하고 있었지만 잘 안 되고 있었어요. 제가 음악을 다시 시작하고 오디션 프로에서 번번이 떨어지고 있을 때 다른 두 친구도 각자의 음악활동이 여러 가지 이유로 힘들었나 봐요. 그 때 얘기했죠. "이럴 바에는 그냥 우리끼리 시작하자." 한 친구는 기타를 치고, 다른 친구는 피아노를 치고, 저는 타악기를 치는 그룹 세자전거의 시작이었죠.

팀을 만들고 버스킹을 많이 했어요. 진짜 굉장히 많은 사람들이 모인 적도 있고요. 그 때는 저희끼리 쑥스럽지만 '우리가 버스킹 하는 사람들 중에서 킹이다'라고 얘기하고 다닐 정도였어요. 그러다가 제가 스승님으로 모시던 분이 우리에게, '어떤 기획사에서 너희 같은 팀을 찾고 있는 것 같은데, 생각 있으면 한번 만나볼래?'라고 제안해주셨어요. 만나고 일주일 후에, 계약을 하고 싶다고 연락이 왔죠. 세자전거가 처음으로 회사와 계약을 한 거죠. 사실 저희 팀의 첫 이름은 '어쿠스틱데이'였어요. 그런데, 회사에 계신 분들이 이름을 좀 바꾸면 어떻겠냐고 하시더라고요. 저희 셋이 당시에 안경을 쓰고 있었거든요. 그걸 보시고 자전거 세 개 같다고 하시면서 '세자전거'는 어떠냐고 하셔서 그걸로 결정하게 되었어요. 너무 간단하죠?

첫 데뷔 날 기억나시나요?

첫 데뷔 일정이 2014년 4월이었어요. 세월호 참사가 있었던 달이죠. 잡혀있던 모든 행사가 취소되었어요. 앨범 홍보는 당연히 못했고요. 회사에서는 진짜 마음이 무너졌을 거예요. 데뷔하고 3일 뒤였거든요. 쇼케이스 한 번 한 게 다였어요. 정말 모든 게 스톱되었고, 회사에서도 이런 일이 처음이라 이러지도 저러지도 못하고 그냥 전전긍긍했죠. 하지만, 저희 셋은 일단 먹고 살아야 하니까 아르바이트를 했어요. 카페 아르바이트나 레슨을 잡기도 하구요. 사실 이것 또한 쉽지는 않았죠. 그러던 중에 회사에서 연락이 왔어요. 그래도 저희는 가수인데 아르바이트는 안 된다고 하면서, 회사에서 다 지원해 줄 테니 다 그만두라고 하셨어요. 그런데, 막상 지원은 없었고 시간만 흘러갔죠. 그 뒤에 우여곡절 끝에 리메이크 앨범을 만들고 버스킹도 계속 했지만, 결국 회사와 이별을 하게 됐어요. 대형 회사라면 이야기가 다르겠지만, 훨씬 더 많은 게 작은 기획사들이거든요. 이게 현실인 것 같아요.

가수가 되고 나서 새롭게 알게 된 점이 있나요?

가수는 그 가수만의 무기가 있어야 되는 것 같아요. 첫 회사와 이별하고 나서, 우연히 알고 지내던 매니저 형과 연락이 되었어요. 매니저를 그만두고 매니지먼트 사업을 기획하고 있더라고요. 덕분에 그 형의 케어를 받으면서 가수로서 활동을 이어나갔는데, 일단 유명하지 않으니 섭외가 많지 않았어요. 어떻게 하면 우리를 홍보할 수 있을까 고민하다가, 생각해낸 방법이 전국에서 열리는 온갖 노래 대회에 다 참여하는 거였어요. 그때 생각했죠. 고등학교 때 춤 대회에서 그랬듯, 우리가 대회에서 상을 타고 유명해지려면 전략이 있어야 한다고요.

저희의 전략은, 세 가지였어요. 사삭곡이어야 하며, 대중들이 좋아해야 하고, 적당한 임팩트가 있어야 한다. 이 세 가지를 바탕으로, 사람들이 따라할 수 있는 파트를 만들었어요. 그리고 노래 부르기 전에 미리 알려주는 거죠. 그러면 공연에서 사람들이 엄청 따라 해주고 분위기가 좋으니까 무조건 상을 타요. 어떻게 보면 되게 쉬운 방법인데, 생각보다 대회에서 이런 모습을 보여주는 팀이 많이 없더라고요. 그래서 저희는 각 지방 대회에서 상을 타게 되었고, 그 소식을 들은 지방행사에서 저희를 많이 불러주셨어요. 덕분에 나중에 매니저 형이 개인 사정으로 함께할 수 없게 되었을 때도 많이 흔들리지 않을 수 있었죠. 지금까지의 경험을 토대로 어떻게 하면 될지 방법을 알게 됐으니까요. 우리에게도 노하우가 생긴 거죠. 그 때 느꼈어요. 가수는 그 가수만의 무기를 가지고 있어야 한다는 걸요.

꿈꾸는
사람들에게

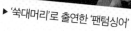

▶ '쑥대머리'로 출연한 '팬텀싱어'

▶ '까치산 커피프린스'로 출연한 '판타스틱 듀오'

▶ 오치영 단독콘서트

무엇을 기준으로 진로를 결정해야 할까요?

저는 하고 싶은 것은 해야 된다고 생각해요. 누구나 도전할 수 있다고 생각하고요. 다만, 그 마음을 뒷받침하는 의지와 포부가 있어야 끝까지 버틸 수 있겠죠. 물론 경제적으로 어려운 환경이 장애가 될 수도 있어요. 하지만 환경이 좋아서 편하게 꿈꾸는 사람이란 건 없다고 생각해요. 그들도 미친 듯이 노력하거든요. 환경 탓을 안 할 수는 없겠지만, 내가 무엇을 해야 하고, 어떤 노력을 해야 할지는 스스로 찾아야 하는 것 같아요.

Question 예체능, 재능과 노력 중 어느 쪽의 영향이
크다고 생각하나요?

저는 '천재', '영재'는 없다고 생각하는 사람입니다. 누나는 어린 시절부터 밖에 나가면 '신동이다', '천재다'라는 이야기를 엄청 듣고 자랐어요. 중학교 올라갈 때는 거리에 누나 이름을 걸린 현수막이 있었고, 누나 소식이 지역 신문에도 실렸죠. 그런데 저는 가족이니까 그 배경을 알고 있잖아요. 누나는 하루 10시간씩 피아노를 치는 사람이었어요. 항상 피아노 앞에만 있었어요. 피아노를 열심히 치다가 일어났는데 어지러워서 쓰러지는 것도 봤어요. 저는 누나의 그런 모습을 알고 있는데, 사람들이 너무 쉽게 '천재'라고 얘기하니까 마음이 이상하더라고요. 당사자의 엄청난 노력과 연습과정도 알지 못한 채 '천재', '영재'라고 쉽게 말하는 사람들이 이해가 안 됐죠.

그러다가 가족이 다 같이 청주에서 경기도 시흥으로 이사를 왔어요. 흔히 말하는 피아노 엘리트 코스를 누나가 준비하고 있었거든요. 부모님도 누나만큼은 밀어주셨어요. 그런데 누나가 서울로 전학을 가더니 충격을 받아서 돌아온 거예요. 정말 각지에서 올라온 '엘리트' 친구들만 있는 학교에 갔는데, 잘하는 사람들 속에서 자존감이 떨어져서 돌아왔더라고요. 누나는 분명히 천재 소리를 듣던 사람인데, 본인보다 더 잘하는 친구들이 너무 많다는 사실이 충격이었겠죠. 누나는 그 이후로 미친 듯이 더 열심히 했어요. 그런 누나의 모습을 보면서, 천재 또는 영재라고 부르는 건 정말 조심해야겠다고 생각했던 기억이 있습니다.

Question 가수는 배고픈 직업인가요?

물론 사람마다 기준이 다르겠지만 돈을 못 번다고 표현하는 건 맞지 않을 수 있어요. 비슷한 또래의 친구들보다 나았으면 나았지 못 벌지 않아요. 정말 힘든 생활을 할 것이라고 생각하는데, 오히려 제일 힘든 건 불안감인 것 같아요. 환경이나 재난, 질병이 불안하죠. 하지만 1년의 수익을 비교해보면 결코 작진 않아요. 아마 저희 그룹이 행사를 주로 다니기 때문일 거예요. 행사의 경우는 저희가 하는 만큼 버는 거거든요. 일반적인 프리랜서들의 고민들과 같다고 볼 수 있어요.

Question 하루 일정을 소개해주세요

저는 지금 <세자전거>로 가수 활동을 하고 있고, '제이엠엔터테인먼트'라는 자체 소속사를 운영하면서 전반적인 회사 스케줄을 관리하고 있어요. 그리고 '참좋은학교'라는 이름의 대안학교에서 실용음악 강의를 하고 있습니다. 하루 스케줄은 매일 다른 것 같아요. 보통은 아무래도 회사를 운영하다 보니까 회사운영에 필요한 지원 사업을 먼저 살펴보고요, 제안서를 주로 쓰는 것 같아요. 또, 매일 어떤 새로운 음악이 나왔는지 확인해보며 트렌드를 읽으려 노력하고 있어요. 그리고 가수로서 공연활동을 하고 있고요. 그 외의 시간에는 취미생활을 해요. 종류가 많지는 않은데, 때마다 달라요. 운동을 할 때는 복싱이나 헬스를 좋아합니다. 또, 가끔 드라마를 보거나 만화도 보고요.

가장 중요하게 생각하는 건 '사람'이에요. 사람들을 많이 만나려 하고 있어요. 업계에 계신 분들과 미팅을 자주 합니다. 미팅이 없을 때는 통화로라도 만나고 있어요. 회사를 운영하다보니 어떤 사람과 어떤 일을 할지 모르니까 사람들과의 만남은 놓지 않아야 하는 거더라고요.

Question 가수로서 가진 비전을 소개해주세요

뉴 미디어가 계속 발생하고 있잖아요? 유튜브나 SNS, 이런 뉴 미디어에서 내가 할 수 있는 일을 계속 만들어야 할 것 같아요. 노래만 잘한다고 되는 세상은 이미 진즉에 지난 것 같아요. 세상이 너무 빠르고 크게 변하고 있어서, 내 노래나 내 이야기를 '잘' 전달할 수 있는 방법을 끊임없이 연구해야 할 것 같습니다. 한 가지 루트로는 안 될 것 같아요. 음악적인 것만이 아니라 기획이나 홍보 등의 다양한 루트를 더 뚫어야 가수로서의 비전이 있을 것 같습니다.

Question 앞으로의 꿈이 있다면?

여러 가지가 있어요. 우선, 음악 공부를 좀 더 하고 싶어요. 음악 공부를 깊게 그리고 오래 해보지 못한 게 아쉬워서요. 노래만이 아니라, 음악 자체에 대해 심도 있게 연구를 더 해보고 싶어요. 그런 부분이 조금 갖춰질 때쯤? 아, 물론 끝은 없겠지만, 어느 정도 수반이 될 때쯤에는 원래 꿈꾸던 것을 하고 싶어요. 지금 BTS 같은 느낌인데, 우리나라 사람들만이 아니라 전 세계 사람들에게 공감을 줄 수 있는 음악을 하며 공연을 하고 싶습니다. 단순한 축제 공연이 아니라, 진짜 제대로 우리 밴드 이름으로 세계적인 공연을 해보고 싶다는 꿈이 있어요. 꼭 이룰 겁니다.

Question 마지막으로 가수를 꿈꾸는 학생들에게 하고 싶은 말이 있다면요?

노래를 하려는 사람은 정말 많습니다. 노래라는 분야가 굉장히 접근성이 좋잖아요. 너무 쉽게 접하니까 다들 해보고 싶다고 생각하는 것 같아요. 그래도 저는 사실, 그냥 하라고 말하고 싶어요. 하고 싶다고 느끼면 해야죠. 다만, 본인의 방식을 찾아내는 게 중요합니다. 모든 사람들의 상황과 능력이 다 다르니까요.

그러기 위해서는 고민하기 전에 일단 시작해 보고, 경험을 토대로 조금씩 수정하고 보완하면서 자신을 발전시키는 게 중요해요. 오늘 할 수 있는 최선의 것을 하길 바랍니다. 할까 말까 고민은 하더라도 멈춰있지는 않았으면 좋겠어요. 뭐든 해보고 후회했으면 좋겠고요. 다만 본인을 너무 채찍질 안 하길 바랍니다. 항상 자기 자신을 사랑하고 용기를 주길 바랍니다.

가수를 꿈꾸는 모든 친구들을 응원합니다.

조은실이 참좋은실이 된 것은 꿈에 뛰어들겠다고 '결심'한 다음 순간이었다. '노래'는 늘 품고 있던 꿈이었는데, 꿈을 '결심'하기 까지는 오래 걸렸다. 실용음악과에는 몇 차례 떨어졌고, 미술로, 광고로 눈을 돌리기도 했다. '절대 노래하지 말아야지' 마음먹은 때도 있었다. 그러나 곧 다시 돌아오기를 반복했다. '이렇게 찔끔 시도하고 포기할 바에야 질릴 때까지 해보자'는 생각이 든 것은 대학을 졸업할 무렵. 노래하고 곡을 쓰고 가사를 썼다. 연습도 열심이었다. 자작곡으로 가요제에서 상을 받고 버스킹에 모인 관객들이 곡의 이야기에 공감하는 모습을 보면서 왜 가수여야만 하는지 새삼 느끼게 되었다. 당장은 '가수' 이후를 생각하지 않는다는 그녀는 현재 싱어송라이터 '참좋은실'로 자신의 밝은 에너지를 주변에 나누며 곡을 쓰고 부르고 있다.

싱어송라이터
참좋은실 | 조은실

경력
- 2015. 08. Digital Single 'Rerest' (피쳐링 참여)
- 2016. 03. 1st Digital Single '난 음악할 거야'
- 2017. 01. 2nd Digital Single '단 하나'
- 2018. 12. 3rd Digital Single '이제야 네 맘을 알 것 같아'
  네이버 '뮤지션 리그' 차트 1위, 창작지원 프로젝트 선정
- 2019. 04. 4th Digital Single '조금씩 다가갈게'

주요 활동
- 2017. KBS1 '목요기획' 청년 다큐멘터리 출연
- 2018. 수원문화재단 X KFM 라디오
  송년제야콘서트 공개방송 출연
- 2018. 경기방송 KFM 라디오
  '반승원의 매일 그대와' 게스트 출연

가수의 스케줄

**조은실
가수의
하루**

23:00 ~ 25:00
▸ 공연 영상 편집
25:00 ~
▸ 휴식 & 취침

08:30 ~ 10:00
▸ 기상 및 아침식사
10:00 ~ 11:00
▸ 여유 시간

21:00 ~ 21:30
▸ 음향 정리
▸ 인사 나누기
21:00 ~ 21:30
▸ 집으로

11:00 ~ 12:00
▸ 다음 일정으로 이동
12:00 ~ 15:00
▸ 카페 아르바이트

18:00 ~ 19:00
▸ 공연장으로
19:00 ~ 20:00
▸ 공연장 도착
▸ 음향 셋팅 & 리허설
20:00 ~ 21:00
▸ 공연

15:00 ~ 16:00
▸ 점심 식사
16:30 ~ 18:00
▸ 개인 연습 & 장비 챙기기

하기 싫은 건
하지 않았어요

▶ 어린 시절 1

▶ 어린 시절 2

▶ 2012년 '보이스오브코리아' 오디션

▶ 어린 시절 3

공부를 안 하는 학생이었어요. 공부하는 이유를 전혀 알 수 없었어요. 정말 공부가 재미없었고, 놀기 위해 학교를 갔고요. 쉬는 시간 되면 노래를 불렀고 초등학교, 중학교 때 장기자랑이 있으면 꼭 나갔어요. 정말 온통 놀았네요. 제가 지금도 고집이 좀 있는 편인데 그때는 더 막무가내였어요. '내가 이걸 배워야 해?', '이건 대체 왜 가르치는 거지?' 그랬죠. 당시에 학교는 제게 무언가를 '주입하는' 곳이라는 느낌이 강했어요.

아무도 저에게 지금 내가 왜 이것을 배워야 하는지에 대해 구체적으로 알려주는 사람이 없었어요. 당장에 시험을 봐야 하니까 하는 공부, 대학을 잘 가기 위한 공부, 대학을 왜 가야 하는지도 모르겠는데, 대학을 가기 위해 공부를 해야 한다니 더더욱 공부에 흥미가 안 붙었죠.

Question 전공은 어떻게 결정했나요?

고등학교에 가서도 밴드부에 들어갔는데, 노래를 잘하면 대학을 갈 수 있다는 걸 그때 처음 알았어요. 고3 봄 이후였는데, 주변에서 하나둘 친구들이 모두 대학 입시를 열심히 준비하는 모습을 보면서 '나도 무엇인가 준비를 해야 하나'라는 마음에, 그때부터 실용음악 입시 준비를 시작했죠. 처음 시작할 때 실용음악 입시를 만만하게 생각했던 것 같아요. 노래 잘하면 간다니까, 나 잘하니까. 이 정도면 붙겠지, 했는데 떨어진 거예요. 그리고 처음으로 실용음악 학원을 갔는데, 놀랐죠. '잘하는 사람이 많구나' 하면서요. 그래도 좋아하는 걸 만났으니 다니면서 열심히 했어요. 그런데 시험에 또 떨어진 거예요. 그렇게 실패가 쌓이면서 노래 부르는 것이 점점 두려워졌어요. 무대 공포증도 생겼고요. 노래는 그렇게 접게 되었고, 아르바이트를 하면서 20살, 21살, 22살이 되었어요.

그러다가 어느 날, 이렇게 살아가는 내 인생이 아깝게 느껴졌어요. 노래는 부르고 싶은데 또 실패를 하게 될까 겁이 나고, 이제 가수가 되는 것은 더 어려울 것만 같고. 적당히 돈을 벌면서 취미로 노래를 부를 수 있다면 만족할 것 같았어요. 그렇게 직장인 밴드에 관심이 생겼고 그렇다면 직장을 가져야 하니 대학은 가야겠고. 그런 고민 중에 홍대 디자인학원 골목을 걸어가는데 갑자기 내가 그림을 얼마나 잘 그리는지 궁금한 거예요. 제대로 배워본 적은 없지만 학창시절부터 쭉 그림을 그렸거든요. 문 열고 들어가서 그날 테스트를 받았어요. 그때 그 학원 선생님들이 다 몰려왔어요. '애 그림 좀 봐' 하면서요. 거칠지만 감각이 있었나 봐요. 노래는 그 당시에 완전히 포기했으니 그나마의 재능이라도 제대로 살려볼까 싶더라고요. 여기서 엄청 칭찬해주니까 이곳에서 배우고 싶었고요. 칭찬이 너무 고팠나 봐요.

아무튼 그렇게 입시를 시작했고, 22살에 처음으로 수능에 관심을 갖고 열심히, 정말 열심히 재밌게 공부했어요. 재미만큼 성적이 따라주지는 않았지만 목적을 가지고 달려들었던 공부는 정말 정말 재밌었어요.

입시 과정이 평범하지는 않았어요. 서울예대 실내디자인과 시각디자인과 둘 중에 하나를 지원해야 했는데, 저는 생뚱 맞게 광고창작과가 너무 끌리는 거예요. 이상하게 여기 붙을 거 같다는 예감이 들었어요. 뿐만 아니라 잘할 수 있는 분야 같았어요. 면접도 잘 볼 거 같고 아이디어 스케치를 한다는데 이건 뭔가 제 분야 같은 거예요. 시각디자인, 실내디자인 이 학과들은 제가 외운 것을 그리는 것에 불과하겠지만 광고창작이라면 제 아이디어를 표현할 수 있을 거 같았어요. 그 이상한 끌림으로 광고창작학과를 지원했고 결국 붙었죠.

대학 시절, 기억에 남는 에피소드가 있나요?

대학에 들어갈 때 다짐했죠. '나는 절대 음악을 하지 않을 거야'. 왜냐하면 서울예대는 실용음악에서 탑이거든요. 실용음악에서 서울대 같은 곳이에요. 여기에는 날고 기는 애들이 모여요. 실용음악과를 준비하는 대부분의 학생들에게 서울예대는 로망의 대학이죠. 잘하는 친구들 사이에서 기죽고 싶지 않으니까 내가 그동안 실용음악 준비했던 거 하나도 티 내지 말자. 그냥 조용히 살아야지, 광고 공부만 열심히 해야지, 하고 갔는데, 광고창작과 오리엔테이션 첫날 피아노 치면서 노래했어요.

오리엔테이션 때 30초 동안 자기 PR하는 시간이 있었는데, 이상하게 악보를 들고 가고 싶은 거예요. 악보를 들고 갔는데 마침 피아노가 있었고, 저 혼자 그 피아노를 치면서 저를 소개했어요. 그날 신입생 50명 중에 PR왕(?)으로 3명 안에 꼽혔던 기억이 나요. 그렇게 첫날에 소문이 쫙 퍼진 거죠. '우리 과에 노래 잘하는 애가 있다'라고요.

Question 부모님과 본인의 희망직업은 같았나요?

부모님이 제게 바라는 장래희망은 없었어요. 그 당시에 부모님이 제 꿈에 대해서 관심이 크게 없었죠. 언니가 공부를 잘했어요. 그래서 공부에 대한 부담을 안 주신 것일 수도 있겠죠. 저는 어렸을 때, 특히 초등학교 때는 꿈이 하루마다 바뀌었어요. 되고 싶은 게 참 많았죠. 대통령, 경찰, 소방대원, 연예인, 개그우먼……. 눈에 보이는 게 다 꿈이었어요. 중학교 때는 꿈이랄 것 없이 노래를 즐거워했는데, 3학년 때쯤 진로 고민이 들었어요. 선생님들은 저한테 "은실이 넌 뮤지컬배우를 해봐"라는 이야기를 자주 해주셨는데 선생님들께 그런 말을 들으면 혹하게 되잖아요. 그 말이 마음에 남았죠. 일단은 고등학교를 갔어요. 고등학교에선 내가 노래를 잘하니까 노래로 무언가를 해봐야겠다는 정도의 생각이 있었어요. 깊이 고민해 보지는 않았어요. 지금 와서 생각하면 10대 때의 저는 날로 먹기를 좋아했던 거 같아요. '무언가를 열심히 해야지, 어딘가에서 빛나야지' 하는 진지한 생각 없이, 만만하니까 하는 거였죠. 내가 '뭘 하고 싶은가'를 생각했지, '무언가가 되고 싶다', '무언가를 이루고 싶다'는 의지는 없었던 거 같아요.

Question 학창시절 진로에 도움이 된 활동이 있었나요?

중학교, 고등학교 때 했던 밴드부, 수업시간이나 학교 행사 때 참가했던 장기자랑이 도움이 됐어요. 사람들에게 내 끼를 보여줄 수 있는 시간이자, 나를 표현하는 시간이었죠. 중학교 때 밴드부가 없었는데, 제가 학교 선생님께 직접 만들어달라고 요청 드려서 생겼어요. 지금도 그렇지만, 그때에도 적극적인 아이였어요. 또, 수업시간에 선생님들이 간혹 노래 부를 사람 없냐 하면 '저요!' 하고 나갔어요. 보통 애들은 빼잖아요. 저는 빼는 게 없었어요. 그런 활동이 쌓이고 쌓여서 저만의 에너지를 만들었죠. 적극성은 더 커졌고요.

대학교 졸업 무렵 음악을 직업적으로 할까 말까 고민을 하니까 자연스레 두려운 것들이 너무 많이 생기는 거예요. '돈을 못 벌게 되면 어떡하지', '이걸로 성공 못하면 어떡하지', '안 유명해지면 어떡하지', '막상 하다 보니 싫어지면 어떡하지', '하다가 포기하면 어떡하지'……. 이런 잡다한 생각들이 걷잡을 수 없이 생기더라고요. 아무리 생각해도 '내가 할 수 있을까'에 대한 답이 안 나왔어요. 그래서 반대로 '그러면 가수 하지 말까?'라고도 생각해 봤는데, 숨이 탁 막혔어요. 가수를 하려고 했을 때 드는 두려움보다 하지 않는 상황을 생각했을 때 찾아오는 숨 막힘이 더 컸어요. '당장에 무서울 뿐이었구나' 싶었죠. 그래서 해야겠다고 결심했어요. 그게 기준이었어요.

10대 때는 '공부를 안 할 수 있는 일'이 기준이었죠. 중학교에서 고등학교 갈 때 특성화 고등학교를 갔는데 그 이유가 공부를 안 하고 싶어서였어요. 그런데 잘못된 생각이었죠. 특성화고도 공부 진짜 열심히 하거든요. 그래서 특성화고에 가서도 공부를 안 할 수 있는 길을 방법을 찾아 나섰던 것 같아요.

마침 고등학교에 밴드부가 있었고, 누군가에게 '실용음악으로 대학을 가면 수능을 못 봐도 된다'는 얘기를 들었고(가볍게 전달받은 잘못된 사실이었죠), 그때부터 '실용음악이다' 싶었어요. 다만, 제가 공부를 안 하려고 했던 거지, 노래도 날로 먹으려고 했던 건 아니었어요. 정말 즐겁게 열심히 했어요. 근데 공부를 해본 적이 없던 아이니까 노래도 그 정도를 넘어서지 못하는 거예요. 지금 돌이켜 보면 더 연습하고 더 노력할 수 있었는데 집요하게 달려들지 못했어요. 제가 좋아하는 수준까지만 음악을 열심히 하고, 누군가가 다른 바람을 휙 불면 음악도 안 해버리려고 했었죠. 그래도 노래 연습은 진짜 열심히 했어요. 요령은 몰랐지만 정말 재미있게 연습하고 무대공연을 즐겼어요. 지금 생각해도 정말 열심히, 즐겁게 했던 거 같아요.

시작이라기보다
결심

▶ 2012년 청계천대학가요제 금상 수상

▶ 2012년 수상금으로 첫 홈레코딩 음악장비 마련

▶ 2013년 서울예대 실용음악학과 기말작품에 참여

▶ 2014년 참좋은실 첫 버스킹

현재 직업을 언제부터 꿈꿨나요?

'언제부터'라고 말하기 어렵네요. 음악이라는 꿈이 대학교 들어가서부터, 혹은 입시를 준비하면서부터 시작된 건 아니었거든요. 제 안에서 그런 마음이 쭉 있었던 거 같아요. 학창시절 수업시간에 노래를 부르고, 초등학교 때 장기자랑에서 SES 바다, 핑클 옥주현을 맡았을 때부터요. 그러면서 음악 주변을 계속 맴돌았죠. 가수를 해야겠다고 뛰어들었다가 내동댕이쳐지고, 슈퍼스타K에 나갔다가 떨어지고, 음악 절대 안하겠다는 선포를 하고 들어간 대학교에서 노래 부르고, 학과에서 노래 잘하는 애로 소문나고, 그리고 실용음악과 강의도 들었네요. 그것도 되게 적극적으로요. 계속해서 빙빙 돌면서 중심으로 온 것 같아요. 한 번에 가수 일로 쏙 들어온 게 아니라요. 또, 대학교 졸업을 하면서부터는 직업을 가져야겠다는 생각이 드니까, "그러면 싱어송라이터를 해보자" 이렇게 자연스럽게 흘러왔어요. 시작이라기보다 결심이죠.

진로결정 시 도움을 준 사람이 있나요?

진로를 결정할 때 제게 도움이 되는 피드백을 해주는 사람을 찾아갔어요. 전 그때 누굴 찾아가서 만나느냐, 누구에게 어떤 이야기를 듣는지가 정말 중요하다는 걸 느꼈어요. 뭔가를 이뤄낸 사람들이 해주는 말과 뭔가를 포기한 사람들이 해주는 말은 달랐어요. 이뤄낸 사람들은 절 지지해 줬고요, 포기한 사람들은 힘들 거라고 말해줬어요. 만약 제 주변에 포기한 사람만 있었다면 저도 포기 했을 거예요. 모두가 다 그렇게 말을 하니까. 그런데 여러 사람에게 이야기를 들으니까 평균치가 나오더라고요.

그때 제가 듣고 싶었던 말은 '네가 노래해야지', '포기하지 마'였는데 그런 얘기를 재게 아무도 해주지 않았어요. 아무도 '네가 하면 잘할 거야' 라는 얘기는 해주지 않았어요. 다만, '네가 원하면 하는 거야'라는 얘기들은 학교 교수님들이 굉장히 많이 해주셨어요. 네가 원하는 걸 하라고. 자신이 목표한 걸 이뤄낸 분들이라 해주시는 조언들이 굉장히 힘이 되었어요. 단호하게, 뼈있게 말해주시는 교수님은 계셨지만, 현실에 안주하라는 조언을 해주신 분은 없었어요. 그 분들이 해주는 말들은 다른 사람들과 완전히 달랐죠. 다른 이들이 저의 지금을 봤다면, 교수님들은 저의 잠재된 미래를 봐주셨던 거예요.

Question **가장 영향을 많이 주신 분이 있다면요?**

　음악적 교류를 하는 모든 분들이 저한테는 멘토입니다. 제가 모르는 게 많아서요. 어쩌면 그것 때문에 절 불편해 하는 사람이 있을 수도 있어요. 감사하게도, 아직까지 '저 사람은 왜 이렇게 물어보는 게 많아'하면서 도망간 사람은 없어요. '나한테 그만 물어봐' 하는 사람도 없죠. 음악적 부분에서는 현재 같이 저와 교류하는 사람들에게 끊임없이 배우고 자극을 받는 거 같아요.

Question **직업으로 가수를 선택하게 된 계기가 궁금해요**

　대학졸업을 앞두고 끊임없이 고민을 했어요. 불안한 요소들이 많았어요. '가수를 하면 뭘 할 수 있을까', '잘할 수 있을까', '너무 힘들 것 같아' 이런 생각이 들었죠. 하지만 가수를 포기하려고 하니 숨이 턱 막히는 거예요. 그래서 '그럼 일단 해보자'는 생각이 들었어요. 그때까지는 찔끔찔끔한 게 다였잖아요. 제대로 해본 게 아니었죠. 찔끔 도전해봤다가 실패하면 그게 내 실력인가 보다, 하고 패배의식으로 살아왔던 거예요. 만약에 지금 가수를 안 하면 나중에 50대, 60대가 되어서도 이런 반복을 또 하고 있을 것 같았어요. 제대로 해보고 실패하면 더 이상 질려서 못할 거 아니에요. '10년만 제대로 해보자'라는 생각으로 뛰어들었어요. 솔직히 그 10년 뒤가 두렵긴 했죠. 그래도 열심히 한다면 그 10년이 커리어가 되겠지, 그러면 뭘 해도 두렵지 않겠지, 생각을 했거든요. 그런 각오로 했어요. 그때 스스로에게 다짐한 게 '너 이번에 포기하면 평생 없어. 마지막 기회야'였죠. 그렇게 가수를 시작했어요.

현재 하시는 일에 대해 소개해주세요.

여러분이 생각하시는 유명가수, 그리고 그 가수를 위해 붙는 여러 스태프, 이 모든 사람들이 하는 일을 싱어송라이터는 혼자 해요. 구체적으로 이야기를 하자면 무대에 서서 노래를 하는 일, 노래를 만드는 일, 연습 하는 일, 앨범 작업을 위해서 작곡을 하고 작사를 하는 일을 해요. 그리고 그 비용을 벌기 위해 알바를 하고, 마케팅과 홍보를 하고, 주변의 사람들에게 나를 알리고요. 또, 이 모든 것들을 잘하기 위해 내면 관리와 체력 관리도 하죠. 그런데 우리가 생각하는 가수는 단면만 보이죠. 화려한 면이요.

Question **가수가 된 후 처음으로 한 일은요?**

앨범 등록을 기준으로 하자면, 가수가 되고서 가장 제일 먼저 한 것은 앨범을 등록한 거죠. 첫 앨범이 2016년 나온 '난 음악할 거야'예요. 곡을 쓴 건 2013년 말에서 2014년 초였어요. 그걸로 계속 버스킹을 다녔죠. 그 당시에는 너무 부족하다는 생각이 들어서 앨범으로는 내지 못했어요. 미루고 미루다가 이제 더 이상 미루다가는 욕심에 끝이 없을 것 같아서, 부족하더라도 해보자고 마음먹었죠. '지금 참좋은실의 모습을 담을 수 있다'는 생각으로요. '이제는 내자' 해서 첫 앨범을 낸 거예요.

실은 '난 음악할 거야'는 대학교 마지막 과제였어요. 광고창작학과 과제요. 외부에서 오신 교수님의 수업이었고, 나를 표현하라는 과제였죠. 자기 스스로에 대해서 분석해오는 과제였어요. 제품을 분석하는 것처럼 나를 분석하고, 프레젠테이션 하는 거였어요. 근데 너무 하기 싫은 거예요. 나에 대해 분석까지는 했는데, 이걸 발표하려고 하니 너무 재미가 없는 거예요. '그럼 난 이걸 노래로 만들어야겠다'고 생각했죠. 꼼수를 부린 거죠. 아이폰에 노래를 녹음해서 대충 냈어요.

그걸 다듬고 다듬어서 공연 때 불렀죠. 공연하면서 음악 하는 재미를 느꼈던 것 같아요. 사람들이 제 노래를 듣고, 공감을 하고, 제 노래 가사에서 위로를 받는다는 데서요. 좀 놀랐던 게, 관객 분들이 '난 음악할 거야' 이 부분을 자기에 맞게 부르시더라고요. '난 예술할 거야', '난 강사 될 거야' 처럼요. 또, 관객 분들이 저에게 SNS로 쪽지를 보내주시는데, '잊고 있었던 꿈을 기억하게 했다', '자기도 새롭게 도전하고 싶고 무언가를 실천하고 싶어졌다' 이런 이야기를 감사하게도 해주셨죠. 이게 노래의 힘인가 싶었어요.

사실 난 음악할 거야 가사는 그 당시에 화가 나서 쓴 가사예요. 그때 주변 사람들한테 '제가 음악을 할 수 있을까요' 물어보고 다녔었거든요. 근데 대부분이 '야, 그냥 취미로 해'라고 하더라고요. 그 대답에 화가 나서 '당신들이 뭐라고 하든 상관없다. 내 인생 누가 정해 놓은 걸까. 왜 내가 이 사람들에게 물어보고 다니면서 내 인생을 결정하지? 난 그냥 음악할 거야. 행복하게 음악할 거야' 하고 패기와 오기로 적어낸 가사였어요. 그렇게 해서 노래를 만들었고, 그 후에 노래를 했는데 누군가에게 힘이 되었던 거죠. 자기가 잊고 있던 꿈이 슬며시 올라올 수 있게 도와주는 힘, 내가 음악 하는 이유가 여기 있었구나 싶더라고요.

행복한 가수가 될 수 있도록

▶ 2015 참좋은실 첫 단독 콘서트

▶ 2013 서울예대 학생연합 인디음악 콘서트

▶ 2019 뮤지스땅스 단공전展

▶ 2019 유럽 버스킹을 꿈꾸며 장만한 기타

가수라서 겪는 특이사항이 있을까요?

남들이 예민하다고 여길 수 있는 성격이 오히려 장점이 돼요. 남들이 '뭐 그렇게 까지' 라고 할 만한 생각을 파고들어서 가사를 쓰고 멜로디를 붙이고, 작품을 만드는 거죠. 그리고 하면할수록 더 섬세해져요. 예전의 저보다 지금의 제가 더 섬세해진 게 느껴져요. 물론 음악적인 부분이 예민해지는 만큼 사람 자체가 예민해지기도 하죠. 디테일해져요. 그걸 최근에 알았어요.

옛날에는 어떤 사람이 섭섭함을 느낄 때 그걸 잘 모르는 편이었죠. 그리고 나밖에 모르는, 강철 같은 아이였어요. 근데 음악을 하다 보니 점점 여려진 거죠. 동시에 내면은 강해졌어요. 예전엔 오히려 겉은 강철 같았는데, 내면은 텅 비어있었다고 해야 할까요? 지금은 겉은 두부처럼 유하지만, 안은 단단히 차 있는 안정적인 느낌이 들어요. 최근에 그렇게 느꼈어요. 이런 면들이 장점이 될 수도 있지만 단점이 될 수도 있겠죠. 섬세해질 수도 있지만, 예민해질 수도 있다는 것, 가수라면 이것을 숙명으로 받아들일 필요가 있는 거 같아요. 내가 나의 예민함을 계속해서 부정하고 거부한다면, 그러면 가수를 안 해야 하는 거 같아요.

Question **하루 일과를 소개해주세요**

알바를 하고, 연습을 하고, 공연을 가고, 이 정도예요. 쉬는 날에는 친구를 만나고요. 회사원이랑 비슷한 거 같아요. 특정 시간을 정해놓고 곡을 쓰는 일정은 잡지 않아요. 틈틈이 이동 중에 글을 많이 써요. 연습하다가 '곡으로 만들어볼까' 하는 경우가 많아요. 곡은 더디게 만드는 편이에요.

하루 스케줄은 해마다 다르고, 또 계절 마다 다른 경향이 있어서 몇 년 동안 하루도 빠지지 않고 꾸준히 했던 세 가지를 말씀드릴게요. 성경 말씀 묵상과 기도, 연습, 스케줄 관리.

Question ## 가수가 되고나서 새롭게 알게 된 점이 있나요?

날로 먹을 수 있는 직업이 아니에요. 처음 음악을 할 때는 게을러도 되는 직업인 줄 알았어요. 새벽에 자고 늦게 일어나도 괜찮은 직업이요. 그런 것들이 좋은 거라 생각했어요. 근데 지금 와서 보면 그건 게으른 거였죠. 뿐만 아니라 그런 패턴이 건강에 좋지 않다는 걸 알았고요. 인디 뮤지션들을 위한 어느 강의에서 유명한 가수 한 분이 그런 말씀을 해주신 적이 있어요. "여러분 진짜 열심히 하셔야 해요. 프로에 있는 뮤지션들은 정말 치열하게 더~ 열심히 하거든요." 그때 한 대 얻어맞은 느낌이었어요. 인디 쪽에 있는 분들은 더 열심히 해야 한다고, 프로에 있는 분들은 여러분보다 더 바쁘고, 더 열심히 한다는 말이 저에게 확 와닿았어요.

Question ## 사람들이 가수에 관해 오해하는 게 있다면요?

대부분의 사람들이 가수는 노래만 잘하면 된다고 생각하지만, 실은 모든 걸 잘해야 하는 것 같아요. 시간관리, 체력관리, 자기관리 등등……. 이렇게 말하면서도 제가 그걸 제대로 못해내고 있네요. 어쨌든 가수라면 자신의 삶 자체가 예술이 되어야 하는 거 같아요. 내가 내뱉는 말이 가리키는 바를 스스로 해봤고, 지금도 하고 있어야 하는 거죠. 지금도 하고 있어요. 죄책감 없이 이야기를 할 수 있을 테니까요.

또, 노래를 잘한다는 것의 기준을 어디에 두느냐도 다른 거 같아요. 노래를 잘하기 위해서는 노래가 무엇인지 알아야 하고, 노래를 어떻게 활용할 것인지도 알아야 하죠. 나를 뽐내기 위한 것이든, 소통하기 위해 하는 것이든 자기에게 노래가 무엇인지 묻고, 나의 답을 찾는 게 중요해요. 만약 노래를 '듣는 사람과 나와의 소통'으로 생각한다면 노래만 잘하는 게 아니라 사람을 잘 알아야 노래를 잘 전달할 수 있는 거죠. 말이 거창하긴 한데, 그런 것 같아요.

삶을 노래하는 사람, 삶을 노래로 풀어내는 사람.

 성공한 가수, 행복한 가수란?

저는 '성공한 가수'가 뭔지는 잘 모르겠어요. 세상에서 말하는 성공을 성공이라 생각하지 않는 사람이기도 하고요.

'행복한 가수'는 말할 수 있을 것 같아요. 자신이 행복하다고 생각한다면 행복한 가수 아닐까요. 어떤 기준에 따라서 행복한 게 아니라 스스로 '나 행복하다', '가수라는 직업을 만나 행복해' 그러면 그 사람이 행복한 가수가 아닐까 해요. 행복은 누가 판단해주는 게 아니라 자기가 스스로 느끼는 거잖아요. 하루하루가 매번 행복할 수는 없지만 종종 행복한 가수가 돼요. 그걸 더러 '성공했다'고 느껴본 적은 한 번도 없거든요. '성공'이라는 키워드가 저한테는 부정적인 느낌이 강해요. 그래서 성공에 대한 관심은 약한 거 같아요.

가수로서의 비전이 있나요?

멀리는 못 보는 것 같아요. 그렇다고 10년 뒤의 목표를 정하지 않는 건 아니에요. 사람의 가치관 차이겠지만, 대단한 목표가 삶에 없어요. 인지도를 크게 높여야겠다는 욕심 역시 마찬가지예요. 대신에 미니앨범(EP)은 도전해 보려고 해요. 발매 시기는 올해가 될 수도 있고, 내년 초가 될 수도 있고요. 저는 거대한 욕심, 목표 없이 가고 있어요. 솔직히 참좋은실의 비전은 모르겠어요. 근데 조은실의 비전은 알겠어요. 내가 갖고 있는 밝은 기운을 사람들에게 전하는 게 제 삶의 비전이에요. 다른 사람들보다 유독 밝은 기운이 있는 것 같아요. 그 에너지를 가지고 누군가를 도와줄 수 있는 역할을 하고 싶어요. 생각해보면, 참좋은실도 소은실의 비전을 따라 가는 것 같네요.

참좋은실의 비전이라고 하면 사람들과 함께 울고 웃는 거, 노래함으로써 누군가에게 위로를 전하고 누군가에게 즐거움을 전하는 존재가 되는 거예요. 그리고 그 비전에 대해서 세부적인 계획을 갖는 게 저의 목표에요. 아직은 잘 모르겠더라고요. 오히려 '돈을 많이 벌자'라는 계획을 가지면 행사를 많이 뛰거나 대박 날만한 곡을 쓰려고 노력하거나 할 텐데 그런 목표가 아니다보니까요. 사실 계속 방황해요. 내가 뭘 해야 될지 몰라 하고요. 내가 뭘 해야 될지 모를 때는 그냥 지금 주어진 것에 충실하려고 하죠. 그래서 멀리 못 보는 것 같아요.

지금 주어진 것을 열심히 하는 것, 도전을 멈추지 않는 것, 배우는 일을 멈추지 않는 것, 나 자신을 알아 가는 것, 유연해지는 것, 그런 일에 노력을 기울이고 있어요. 또, 나와 다른 사람들을 계속해서 만나요. 나와 다른 사람들을 만났을 때 일상에 배움이 있어요. 선순환인 것 같아요. 그런 훈련들을 멈추지 않으려고 하죠. 그리고 꾸준히 연습을 하면서도 그 힘을 못 느낄 때가 있잖아요. 그럴 때 꾸준함의 힘을 믿으려고 노력해요. 또, 올해 도전해보고 싶은 게 있어요. 제가 알게 모르게 제 스스로에게 한계를 뒀던 거 같아요. '나는 운전을 못해', '나는 기계치야' 그런 것들이 있단 말이에요. 최근에 드럼을 배우기 시작했는데 제가 생각보다 드럼 수업을 잘 따라가는 거예요. 하면 나아지는 것들이 있는데 제가 스스로를 과소평가했던 거죠. 너무 오랜 시간동안 박치라는 생각을 했기 때문에 그걸 깰 생각을 안 했던 거예요. 깨니까 깨지는 것들이 있다는 걸 배우게 된 거죠. 제가 참 스스로에 대해 안다고 착각했던 부분이 많았더라고요. '못 할 거야'라고 선 그은 것들을 깨가는 연습을 열심히 해보려고 해요.

GOALS :

1. 내 일에 최선을 다하기
2. 도전을 두려워하지 말기
3. 끊임 없이 배우기
4. 나 자신을 알아가기
5. 조금 더 유연해지기

가수 다음의 직업도 생각하시나요?

가수 다음은 솔직히 생각하지 않아요. 그건 그때 가서 할 것 같아요. 지금 당장은 가수를 안 할 생각이 없어서요. 아직 다음 단계를 꿈꿀 만큼 뭘 이뤘다고 생각하지도 않고요. 지금은 얼마나 깊게 나아갈 것인가를 고민하는 중예요. 가수 다음까지 생각하면 꼼수 부리느라 지금에 집중하지 못할 것 같아요.

지금에 충실 하는 것, 안주하지 않기 위해서 시야를 넓히려고 노력 하는 것. 이게 지금의 저에게 지혜인 것 같아요. 결국에는 지금의 것들에 충실하면서 언제 어떤 기회가 올지 모르니까 그 기회에 대비하고자 하는 거죠. 전에는 좀 더 앞서서 뭔가를 더 하고 더 나서려고 했던 거 같은데, 이제는 제가 뭘 더 나서서 해야 할지는 모르겠어요. 그게 지금의 벽같아요.

다음 단계로 나아가자고 제가 마음먹는다고 쉽게 그럴 수 있는 건 아니죠. 결국은 지금 제가 할 수 있는 건 뿌리를 넓고 깊숙이, 튼튼히 만드는 것밖에 없어요. 예전에 음악을 처음 시작했을 때는 열매에 관심이 많았어요. 그 열매를 만드는 재미로 음악을 해 왔지만, 지금은 뿌리가 중요하다는 생각이 들어요.

어쨌든 지속적으로 힘을 길러야 하는 것 같아요. 힘을 기르는 방법은 사람마다 다를 거예요. 제게는 내면을 기르고 내공을 쌓고 저의 실력과 시간을 잘 관리하는 게 그 방법이네요.

지인 혹은 가족들에게 '가수', 추천할 수 있나요?

교수님들이 저에게 해줬던 얘기랑 비슷할 것 같아요. 교수님들은 제게 이렇게 말했죠. "네가 하고 싶으면 하는 거지. 네가 알아서 해." 추천을 하고 안 하고는 없어요.

마지막으로 가수를 꿈꾸는 학생들에게 한 마디 해주세요

묻고 싶어요. 가수를 왜 하고 싶은지. 각자의 이유가 다 다를 테니까. 어떤 가수가 되고 싶은지부터가 궁금해요. 가수의 종류가 많잖아요. 그게 구체적일 필요가 있는 것 같아요. 만약에 싱어송라이터가 되고 싶다면, 대학을 갈 것인가 안 갈 것인가로 나뉠 수도 있어요. 만일 대학을 가지 않는다면 지금 무엇을 할 수 있냐고 스스로에게 물어보세요. '곡을 만들고 싶다'는 친구라면, 일단 학원을 등록해요. 곡을 쓰려면 곡을 쓸 줄 알아야 하니까 잘 하는 사람에게 배워야죠. 아니면 유튜브를 통해서 강의를 들어도 되고요. 우선 현실적인 계획과 일상 속의 실천이 필요해요. SNS에 꾸준히 가사를 써본다든가 하는 노력 말이죠.

또, 진짜 하고 싶은 게 무엇인지를 묻고 싶어요. 그리고 이걸 위해 지금까지 어떤 노력을 했는지도 물어보고 싶어요. 그걸 알아야 노력을 하는 중에 겪었던 어떤 어려움에 대해 도움이 되는 조언을 줄 수 있을 거 같아요. 구체적인 행동 없이 물어보는 친구들이 많아요. 근데 그런 친구들이라면 '일단 뭐라도 해봐' 라는 말을 해주고 싶어요. 가수가 하고 싶다면 우선 네가 할 수 있는 것들을 해봐! 제 이야기를 들어주셔서 고마워요.

학창시절에는 엄격하신 아버지 아래서 소심하고 내성적인 학생이었다. 성격을 바꾸고 싶었고, 몇 번 시도도 해보았지만 성격이 완전히 변하지는 않았다. 소심하고 갑갑한 마음을 음악으로 풀어냈다. 내 이야기를 랩으로 풀고 나면 속이 편해졌다. 대학교 힙합 동아리에서 학우들과 함께 음악을 공부하고, 랩 배틀에 참여하고, 무대에 서면서 새로운 세계가 열렸다. 잠시 다른 꿈을 꾼 적도 있었지만 그때의 경험 역시 현재를 지탱하는 자양분이었다고 말하는 그는 힙합가수로 활동하면서 음반기획사 JYP에서 랩 트레이너로 일하고 있다. 랩은 자신의 감정을 표출하고 서로 공감함으로써 누군가를 치유하는 힘도 있다고 믿고 있다.

힙합가수
술제이 | 김성훈

경력
- 마이크 스웨거 season1 Host MC
- 밀러 그루브 데이 프리스타일 랩 배틀 챔피언
- JYP 랩 트레이너

저서
- 랩 창작 입문서 '누구나 랩' 집필

수상
- 2009 문화 관광부· SBS 주관 '이달의 우수 신인음반' 선정

가수의 스케줄

김성훈 가수의 하루

06:00 ~ 07:00
▶ 기상 및 아침 독서
07:00 ~ 08:00
▶ 요가 및 맨몸 운동

24:00 ~
▶ 학생들에게 랩 피드백 후 취침

18:30 ~ 21:00
▶ 공연
21:00 ~ 24:00
▶ 스튜디오 랩 녹음

08:00 ~ 09:00
▶ 아침 식사
09:00 ~ 13:00
▶ 발성 훈련 및 곡 작업

18:00 ~ 18:30
▶ 저녁 식사

13:00 ~ 14:00
▶ 점심 식사
14:00 ~ 18:00
▶ 랩 강의

엄한 아버지
아래서
소심했던
학창시절

▶ 활동 초기의 모습

▶ 초기 활동 앨범

▶ 부산 클럽 공연 전 DJ SQ와 함께

▶ 프리스타일 데이 무대에서

감수성은 풍부했지만 표현을 제대로 하지 못하던 아이였어요. 초등학생 때 아버지가 엄청 엄하셨어요. 해병대를 나오셨고, 덤프트럭을 모셨고, 포크레인과 같은 중장비업을 하셨어요. 권투도 하셨죠. 엄한 아버지의 영향으로 저는 조금 소심하고 내성적인 학생이 었어요. 학교 다닐 때는 그걸 바꿔보고 싶어서 장난도 많이 치고, 까불거리기도 하고 더 나서기도 했던 거 같아요. 내성적인 성향을 바꿔보고 싶다는 게 있었죠. 외향적인 분들은 망치로 못을 때리듯이 너무 튀게 되면 한번 얻어맞는데, 그 영향으로 내향적으로 되는 분 들이 있다고 들었어요. 저는 반대로 너무 내향적이었기 때문에 튀고 싶었고, 드러내고 싶 었어요. 제 안에 억압된 것들이 어쨌든 많았던 거 같아요. 자유롭고 싶었죠. 제가 살던 곳 이 창원, 마산인데 이 지역을 벗어나서 서울로 가고 싶었어요. '내가 하고 싶은 걸 내 뜻 대로 하고 싶다'는 마음이 되게 강했어요. 그게 '힙합', '랩'이라는 도구가 주어졌을 때 다 표출되었던 것 같아요. 랩 배틀이 됐던, 프리스타일 랩이 됐든, 가사를 쓰는 게 됐든 무대 위에서 뛰어 놀 때 그 자유로움이 정말 컸어요.

갑자기 기억이 났는데요, 제가 성격을 바꾸고 싶다고 했었잖아요. 1학년 2학기 반장 선 거도 그런 노력의 일환이었어요. 선생님이 반장 추천을 받겠다고 해서 친구들끼리 서로 추천을 했었어요. 어떤 친구는 너무 하고 싶어서 다른 친구한테 추천해달라고 부탁도 했 었죠. 당시 제 안에는 '관심 받고 싶다, 나서고 싶다, 튀고 싶다, 활기차게 살고 싶다'는 마 음이 있었고, 마음을 따라 반쯤 충동적으로 손을 번쩍 들었어요. 담임 선생님께서 제게 '어 그래 너 누구 추천할거냐' 하시더라고요. '제가 반장하고 싶습니다' 이렇게 얘기가 툭 나와 버렸어요. 그 얘기를 하자마자 애들이 막 웃는 거예요. 그 상황이 너무 재밌었나 봐 요. 그 웃는 분위기가 저를 반장으로 이끌었죠. 표가 제법 나왔어요. 억눌렸던 것들을 풀 고 싶었던 게 여러 도전으로 제 삶에서 펼쳐진거죠. 그게 반장 선거가 됐든 랩이 됐든 무 대에 나서는 게 됐든 말이죠. 어쨌든 그로 인해 도전을 시작하게 됐던 거죠.

전공은 어떻게 결정하셨나요?

저는 억압이나 소심했던 성향들을 풀어 놓고 싶은 열망이 너무 강했어요. 대학을 서울로 가면 그게 한 번에 해결될 거라는 어떤 직감 같은 게 있었나 봐요. 그래서 '서울로 무조건 가겠다'는 생각이었죠. 인(In)서울을 무조건 목표로 했었어요. 그래서 고3 시절을 열심히 보냈죠. 공부를 열심히 했었어요. 부모님이 감사하게도, 부산에 '동래'라는 지역이 있는데 거기 합숙학원을 한 달 동안 보내주기도 하셨어요. 4년제 대학 몇 군데와 전문대를 함께 지원해서 숭실대학교와 어느 전문대학의 방사선학과를 함께 붙었어요. 전문대에 진학해 빨리 졸업해서 돈을 벌어 일찍 독립해야겠다는 생각에 전문대에 가려고 했지만 아버지께서는 일반대학을 가기를 원하셨죠. 결국 숭실대 영어영문학과를 갔어요. 4년제 대학에 가서 전공과 한참 떨어진 랩을 하게 됐네요.

Question 학창시절 교내·외에서 어떤 활동을 하셨나요?

중학생, 고등학생 때는 보이스카웃 등의 활동을 했었어요. 중학생 때는 '환경소년단'이라고 해서 토요일이 되면 산이나 거리로 나와서 쓰레기를 줍는 활동을 했었어요. 고등학생 때는 '보이스카웃'이라는 단체에 들어갔어요. 선배님들이 되게 자유분방해보이고, 그분들이 멋있어 보여서 '같이 있으면 재밌겠다'는 생각에 들어갔죠. 그렇게 큰 파도는 아니었지만 그래도 약간씩 소소한 일탈이 있었던 것 같아요.

부모님의 기대 직업과 본인의 희망 직업은 달랐나요?

부모님의 기대 직업이 뚜렷하게 기억이 나요. 일단은 공무원이었어요. 새해가 되면 점이나 사주를 보러 가잖아요. 갔다 오신 뒤에 저에게 '성훈이 너는 공무원이라든지 관공서에서 일하면 되게 좋고, 일을 잘 한단다' 뭐 이런 식으로 슬쩍 흘리시면서 본인들의 바람을 말하셨어요. 저는 희망 직업이 많이 바뀌었어요. 미디어의 영향이 컸죠. 만화책 '슬램덩크'랑 드라마 '마지막 승부'를 보던 초등학교 때는 농구선수가 꿈이었어요. 중학생 때는 만화가가 되고 싶었죠. 그리고 성적도 나쁘지 않으니까 멋도 모르면서 변호사라는 꿈도 꿨었던 적이 있어요. 법학과를 가고 싶었죠.

근데 고등학교 때는 '어떤 직업이 되고 싶다'라는 생각보단 '서울로 가고 싶다, 창원을 뜨고 싶다'는 생각이 더 강했어요. 그래서 가나다군 입학원서를 쓸 때 모두 서울로 넣었던 거죠. 사실 숭실대 영문과를 썼던 것도 번역가나 영어선생님이 되려고 했던 건 아니고, 서울에 있었고 제 성적에 맞아서 넣었었어요. 일말의 연결점이 있다면 영어 독해를 잘했던 것과 그때도 랩을 약간 좋아했는데 영어를 공부하면 영어로 랩 라임 쓰는 데 도움이 되겠지 생각을 했다는 정도겠네요. 어린 친구가 할 수 있는 맹랑한 생각이었던 것 같아요. '랩을 본격적으로 하겠다' 는 것도 아니었는데 의미부여를 했던 것 같아요.

갈등 보다는, 2009년도 즈음에 '미친 사랑의 추억'이라는 노래가 첫 데뷔 싱글이거든 요. 이 노래가 SBS랑 문화체육관광부가 주관했던 '이달의 우수 신인 음반상'을 수상하 게 되어 SBS인기가요에 나가게 되었어요. 그 노래가 뮤직비디오로도 만들어지고, 노래 가 나와서 부모님께 알려드려야겠다 싶었죠. 전 서울에서 지내고 있어서 부모님이랑 같 이 지내는 동생이 컴퓨터 앞에서 아버지 어머니께 제 노래와 뮤직비디오를 틀어준 거예 요. 예전에 통화를 나눌 때 부모님이 저한테 혹시라도 "공부나 열심히 해라"라고 하거나 실망하실까봐 공부는 계속하고 있고, 이건 취미로 하는 거라고 툭 던지는 정도였는데, 노래와 뮤직비디오를 두 분이 무척 좋아하셨다고 하더라고요. 아버지는 눈물을 글썽일 정도로 좋아하셨다고 동생이 애기를 해줬어요. 아들이 뭐라도 열심히 하고 있는 모습이 좋았던 거 같아요.

또 생각이 났는데 2005년도에 랩 배틀 대회를 우승해서 상품으로 6박7일 미국 여행 을 다녀오게 됐어요. 뉴욕, 시카고, 마이애미, 밀워키 이렇게 갔었는데, 그때도 집에 말씀 을 드려야 하잖아요. 뭐 때문에 미국을 가는지를 알려드려야 했죠. 그때에도 '랩 배틀, 힙 합' 이런 애기는 하지 않고, '장기자랑으로 랩을 했는데 그게 잘 됐다'며 에둘러서 말씀 을 드렸었어요. 그만큼 저는 부모님의 마음을 정확하게 헤아릴 수 없었던 거죠. 공부에 대한 지원이 쉬운 환경이 아니었는데 저를 지원해 주셨기 때문에 좀 죄송스러운 마음이 항상 있었죠.

학창시절 진로에 도움이 되는 활동을 했었나요?

동아리 활동이 도움이 많이 되었어요. 제가 본격적으로 랩을 하게 된 계기가 대학교 동아리 활동이기 때문이죠. 흑인 음악동아리 '다피스' 활동이 영향을 많이 줬어요. 그곳 동아리에는 기본적으로 음악 감상이 목표인 사람들이 모였는데, 크게는 감상팀과 공연팀 둘로 나누어 활동했어요. 일주일에 모임이 보통 한두 번이었고, 세미나를 준비해오는 게 활동 내용이었죠. 어떤 뮤지션, 발성법, 힙합장르, 자기가 좋아하는 가수에 대해서 조사하고 정리해서 사람들한테 알려주는 식으로 본인이 직접 과정을 이끌었죠. 음악에 대한 지식이 쥐뿔도 없었던 제가 정말 많이 배웠어요. 서로의 이야기와 세미나를 듣고 저도 직접 준비하면서 좋은 영향을 받았어요. 지금은 중·고등학교 때 실용음악학원을 다닌다든지, 살롱 문화를 접해본다든지, 학교 내에 있는 동아리나 교내외 진로체험교육 등 다양한 활동을 통해 제가 대학교 동아리 때 받았던 도움을 경험할 수 있을 거 같아요.

어떤 기준으로 진로를 결정하셨나요?

그때그때 제 흥미였어요. '농구선수'를 꿈꿨을 때는 농구가 그때 너무 재밌어서, 불 꺼진 농구코트에서도 계속하다보니 밤에 시끄럽다고 주민 신고가 들어오거나 나가라고 할 때까지 할 정도였어요. '만화가'라는 꿈도 만화책을 좋아해서 재밌어서 따라 그리다 보니까 '어 이거 하면 재밌겠다'는 생각이 들었죠. 고집이 너무 세서 흥미가 생기지 않으면 누가 시켜도 잘 안했던 거 같아요. 영어를 잘하게 된 계기도 있어요. 고등학교 때 학원을 다녔는데, 거기에 서울에서 내려오신 영어 선생님이 계셨던 거예요. 제가 그 선생님을 좋아했었죠. 그러다보니까 잘하고 싶었고, 관심 받고 싶었고, 잘 보이고 싶어서 영어공부를 열심히 하다 보니 영어성적이 오르더라고요. 영문학과를 가게 된 데도 그 선생님의 역할이 컸던 거 같아요.

학창시절에 성적은 그래도 중상위권이었어요. 반에서 5등 안에 들었어요. 내신으로 반에서 10등, 5등이었던 기억이 나요. 제법 열심히 했던 거 같아요. 대학에서 영어영문학과을 전공하면서 3학년 때 문예창작학과를 복수전공 했었어요. 문창과를 복수 전공했을 때는 소설가라는 제 2의 꿈도 꿔봤는데, 소설가가 되기에는 제가 턱 없이 부족한 걸 느꼈어요. 하지만 단편소설도 여러 편 써보고, 시도 써보고, 대본도 써보고 하면서 글쓰기에 대한 감은 익힐 수 있었어요. 랩이라는 게 무대나 화면에서 볼 때는 화려하게 랩만 하는 것처럼 보이지만 실제로는 글을 쓰는 작가거든요. 작사가이자 작가죠. 그래서 그 무대를 걷어내고 보면 글을 쓰는 사람인데, 학교 공부가 그런 식으로 도움이 되었어요.

대학원 진학도 관계가 있죠. 랩 강의를 좀 일찍부터 하게 됐는데요, 전국을 돌면서 프리스타일이라는 문화를 사람들한테 알려주고 싶어서 시작한 거였어요. 우선 맨땅에 헤딩으로 싸이월드 시절에 '프리스타일 타운'이라는 클럽을 만들었어요. 거기에 지역별로, 서울부터 제주도까지 한 열두세 군데 지역 게시판을 만들었죠. 그 클럽 기반으로 전국을 돌면서 세미나를 했던 게 바탕이 돼서 강의로 이어가게 되었어요. 대학원을 간 건, 강의를 하려면 누군가한테 학문적인 신뢰감을 줘야 한다고 생각했기 때문이었어요. 석사를 졸업하게 됐고, 그때 논문을 썼던 게 '누구나 랩'이라는 책으로 나왔죠.

다만, 자기 분야에서 꽃을 피우는 건 성적보다는 시간을 얼마나 투자했냐, 얼마나 몰입했고 어떤 의미와 재미를 찾았냐와 관계 깊다는 이야기를 드리고 싶습니다. 자기 분야에 몰입해있고, 거기서 재미를 찾고 의미를 찾으면서 깊게 빠져들면 당연히 성적도 오르고 성과가 나오는 거죠. 그게 공부라는 분야로 포커스가 맞춰지든, 음악이든 혹은 체육이든 몰입이 되면 그 분야에서 자연스레 두각을 나타나게 되는 거 같아요.

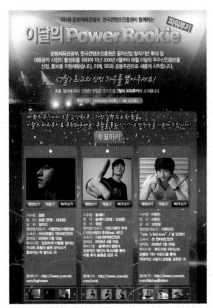

▶ SBS· 문화체육관광부· 한국콘텐츠진흥원 주관
이달의 파워 루키에 선정된 나

▶ 공연 중인 나와 동료 랩퍼 케이케이

▶ 홍대 길거리 버스킹 무대에서 공연 중

▶ 필더그루브 랩배틀 대회,
홍대 놀이터 예선전 진행 중

칭찬도
악담도
나의 힘

현 직업을 꿈꾸기 시작한 계기가 궁금해요

온몸에 전기가 통하는 것처럼 짜릿한 느낌을 받았을 때가 있었어요. 서태지와 아이들의 '난 알아요' 첫 방송이었어요. 초등학교 4, 5학년 때였던 거 같아요. 그때 서태지와 아이들이 임백천 씨가 진행하던 프로그램에 나왔었죠. 분명히 저한테는 전기가 찌릿했는데, 판정단은 낮은 점수를 준 게 기억이 나요. 근데 제 체감상 그 방송 다음날부터 서태지와 아이들의 붐이 일었어요. 심사위원 분들은 그 음악이 낯설어서 그런 점수를 줬던 거 같아요. 젊은 세대는 그걸 빠르게 알았던 거 같고요. 지금도 마찬가지겠죠. 저도 이제 힙합 무대에서 젊은 나이는 아닌데, 지금 나오는 음악들을 이미 중학생, 초등학생들은 빠르게 흡수하고 있는 거와 같겠죠. 서태지와 아이들 그 다음부터 나오는 Ref, HOT 등 그 시대의 아이돌 가수 분들의 음악에서 나오는 랩 파트를 따라 불렀던 기억이 나요. 테이프를 돌려가면서 부르고, 학교나 학원의 장기자랑 때 부르기도 하고요. 노래방에서 제가 랩을 하면 애들이 다 놀라면서 "너무 잘한다, 래퍼다, 니가 경상도 짱이다"라고 말을 해줬죠. 그래서 '내가 잘하나보다' 생각했지만 대학교 동아리에 가서 처참히 깨졌어요. 제가 랩을 하면 선배들이 놀랄 줄 알았거든요. '어디서 이런 실력자가 나타났을까' 할 줄 알았던 거죠. 동아리 때는 카피 랩을 하면 안 되고 자작 랩을 해야 하는데, 처음으로 써본 자작 랩이기도 했고 박자가 뭔지도 몰라 엄청 헤맸어요. 알고 보니 박치였던 거죠. 선배님들은 반대로 놀랐어요. '어떻게 이렇게 랩을 못 하냐'하고 말이죠. 충격이었어요. 저도 충격이고 서로가 다 충격을 받았던 거죠. 그래도 열정은 넘치니까 될 때까지 계속 했었어요.

우선은 노래방에서 랩을 할 때 제게 잘한다고 해줬던 친구들이 그런 역할을 해줬던 것 같아요. 중·고등학교 친구들, 부산 동래 합숙 학원에서 만난 친구들……. 그런 친구들이 다 제게 힘이 되어 줬어요. 대학교 때도 동아리 선배님과 동기들에게 많이 배웠죠. 반대로 저를 '못한다, 촌놈이다, 촌스럽다' 이렇게 얘기하는 분들도 계셨어요. 그 말들에 주눅이 들기 보다는 '나 더 잘할 거야, 나 더 잘해서 보여줄 거야, 이겨 버릴 거야'라는 마음, 오기를 품게 되더라고요. 그래서 그런 말조차도 제 진로 선택에 도움이 되었던 거 같아요. 원썬 형의 '복수는 나의 것 part 2'라는 노래가 있는데, 거기에 피타입 형, 주석 형, 제 시절 때는 엄청나게 왕성하게 활동하셨던 대선배님들하고 같이 녹음을 한 일이 있어요. 거기 썼던 가사가 저를 안 될 거라고 함부로 판단했던 분들에게 하는 말이었거든요.

이봐 SOOL J는 끼와 재능이 전혀 없어
내 날개는 아직까지 펴지도 않았었는데
나를 재는 너의 잣대는 언제나 늘 짧았어
근데 잘봤어?
노력이라는 말로는 부족해서 난 악착같이 했어
왼손의 마이크와 매섭게 나아갔지 계속
시련과 실수가 휩쓸어갔던 수년간
난 숙명같이 알았어 내 복수란 결국
부족했던 자신을 이겨내는 것

이렇게 랩을 썼었는데, 그런 마음이 제가 이겨내는 데 도움이 됐던 것 같아요. 저를 칭찬해주고 응원해주는 사람들의 말을 잘 들었으면, 마음이 좀 둥글었을 텐데, 오히려 피뢰침처럼 반응해서 '나 더 잘할 거야, 두고 봐' 하면서 악으로 랩을 했던 거 같아요.

Question 힙합 무대에서 멘토 혹은 롤 모델이 있나요?

리쌍의 개리 형이요. 제가 대학에 들어갔던 2002년에 '러쉬'라는 곡이 수록된 앨범이 나왔어요. 제 인생의 앨범인데, 거기서 이런 가사가 나와요. '대학을 포기한 채 마이크를 잡은 지 벌써 6년째'라는 가사요. 그 가사가 크게 와 닿아서 동아리에서 뒤풀이 할 때 한 선배님한테 이렇게 물어봤던 게 기억이 나요. "형, 형은 학교 때려치우고 랩 할 수 있어요?" 형이 "못하지 임마, 너는 할 수 있냐?"라고 했고 저는 "저도 못해요"라고 대답했죠. 근데 타블로, 버벌진트 선배님들을 보면서 '아 음악을 하려면 대학을 꼭 때려치워야 하는 건 아닐 수도 있겠구나'라는 생각이 들었죠. 아무튼 개리형의 가사가, 행동이, 활동이 너무 멋있었어요.

Question 학창시절 가족 및 친구들과의 관계는 어땠나요?

꼭 말씀드리고 싶은 부분이에요. 진로와 상관없이 정말 제가 잘하지 못했던 부분이어서요. 저는 어릴 때 아버지의 가부장적이고 엄격한 군대식 교육방식 때문에 주눅 들어있었고 소심했고 내성적이었어요. 그 당시에는 어쩔 수 없었죠. 근데 사실 아버지께서도 사람을 만나고 사귀고 하는 데 발달한 분은 아니고 서툴렀던 분이셨던 거 같아요. 그래서 저도 사람 사귀는 걸 잘 못했던 것 같고 항상 마음 안에 벽이 있었죠. 그래도 랩이란 게 개인 작업에 가까웠기에 혼자 골방에 있어도 직업으로서 해낼 수는 있었죠.

그래도 돌아보면 더 행복하고, 경제적으로 더 성공할 수 있었는데, 싶어요. 소통을 잘 하는 게 정말 중요하다는 걸 많이 느껴요. 예를 들면 염따가 음악도 잘하고 지금 엄청나게 잘 된 사람이긴 하지만 인지도가 지금보다 훨씬 낮았을 때 쌈디라든지 주변 동료들이 이끌어줬다는 걸 들었었거든요. 무조건 인맥이 중요하다는 건 아니에요. 음악 재능을 인정받고 리스펙 받는 게 바탕이 되어야 해요. 다만, 그 사람이 음악을 잘하는 데다 사람과의 관계도 좋으면 대학교 행사든 콜라보 작업이든 일거리가 좀 더 생기게 되는 거죠. 힘들 때도 서로 으쌰으쌰하게 되고, 돈을 빌려주든 술 한 잔을 같이 기울이든 그게 되는데, 저는 그 부분이 부족했어요. 크루도 만들고 여러 사람도 만났지만 제 마음 안에 벽이 있었어요. 그들과 더 큰 시너지를 낼 수도 있었고 더 크게 행복할 수도 있었고 더 좋은 관계를 지금까지 유지할 수도 있었는데 그 부분이 부족했어요. 그래서 드리고 싶은 말씀은 자기 분야에서의 기술을 갈고 닦는 것도 중요하지만 누군가와 소통하고 관계 맺는 능력도 그에 못지않게 중요하단 거예요.

Question

가수 이전의 직업은 무엇이었나요?

프로로 인정을 받기 전에는 다 아르바이트를 전전하는 거 같아요. 저 같은 경우도 막노동, 서빙, 뷔페 아르바이트를 했었죠. 또, 술집을 경영했던 적도 있어요. 22살쯤에 학교 앞에 있는 술집 사장님께서 본인이 여기를 경영하기가 힘든데, 학생이 한번 해보면 어떠냐고 큰돈을 받지 않겠다며 매달 월세, 관리비, 주류 값 등 나가는 것들만 본인이 충당해서 해봐라 해서 그걸 떠안았었죠. 사채도 쓰고, 아는 동생들과 의기투합했다가 관계도 나빠지고 그랬던 기억이 나요. 그리고 지금은 없어졌지만, 예전에 지하철 삼성역 안에 불법매대 거리가 있었거든요. 통로 입구 쪽에 가판대를 세워 놓고 와이셔츠나 슬리퍼나 모자 등을 파는 분들이 계셨었는데, 저도 그 일을 좀 했었어요. 지하철역 공익근무요원이 오면 매대를 접어서 잠시 비켰다가 또 하기도 하고 그랬죠. 무슨 생각으로 그 일을 했는지 모르겠어요. 랩 활동이 돈이 안 되다 보니 뭐라도 생활비를 벌어야 된다는 생각에 좀 엉뚱한 곳으로 갔던 것 같아요. 돈은 잘 벌지 못했지만 뭔가 내가 일을 하고 있는 기분이 들었나 봐요.

직업으로 가수를 선택하게 된 계기가 궁금해요

랩이 너무 좋았어요. 래퍼로서 살고 싶다는 열망이 강했죠. 반대로 불안함도 엄청 강했어요. '내년에도 래퍼로서 살아갈 수 있을까'라는 불안이 너무 강해서 그 불안을 이렇게 떨쳤어요. '이번 해에 앨범이 됐든, 활동이 됐든, 랩 대회 나가서 우승이 됐든, 커리어를 만들지 못하면 난 내년에 일을 계속할 수 없다'고 정해서 매년 무언가를 하고 도전했던 거 같아요. 대회든 앨범이든 활동이든 뭐든 그 해에 뭔가를 계속하고 저를 알리려고 노력했죠. 그런 시간이 쌓이다보니까 어느새 래퍼라고 불리고 있더라고요.

가수라면 보통은 기획사 오디션을 보고 기획사에서 트레이닝을 받고, 작곡가를 만나서 곡을 만들어 앨범을 만들고, 그리고 데뷔하고 방송이 됐든 라디오가 됐든 프로모션을 하는 분들이 일반적이죠. 저 같은 경우는 그런 경우는 아니에요. 힙합 씬에서 할 수 있는 활동, 싱글이 됐든 랩 배틀 대회가 됐든 세미나가 됐든 그런 것들을 막 했던 거 같아요. 하다보니까 어느새 래퍼가 되었죠.

Question 가수를 준비하면서 기억에 남는 경험이 있다면요?

전국 단위 랩 배틀 대회였는데요, 9월 본선 전에 예선을 석 달 간 치렀어요. 저는 첫 번째 달 예선에 나갔어요. 구경 오라고 친구들도 좀 불렀죠. 그 당시에 스스로 프리스타일 랩을 잘한다고 자만하고 있었기 때문에 나가면 '그냥 내가 이기지 않을까' 하고 어설픈 각오로 나갔어요. 술도 좀 마시다가 놀러 나가는 기분으로요.

아니나 다를까, 제가 4강까지 쉽게 이기는 거예요. 그때 4강에서 '드래곤 에이티'라는 래퍼를 만났어요. 그 친구는 저와 각오가 달랐어요. 눈빛이 달랐죠. 랩을 듣는데, 삶이 영화 '8마일'의 에미넴 같은 거예요. 기선에서 제가 눌렸고, 4강에서 랩으로 제대로 두드려 맞았어요. 너무 부끄럽고 창피했죠. '이제 랩을 그만해야 하나'는 생각이 들더라고요. 집으로 돌아가서 이틀 동안 몸살을 앓았어요. 그러다가 3일째 '그래도 다시 도전해봐야겠다'는 생각이 들었어요.

큰 대회다보니까 다음 달에 예선을 또 출전할 수 있었거든요. 예선까지 하루에 한 9시간 정도 랩을 연습했었어요. 프리스타일이 됐든, 가사를 쓰든, 카피 랩을 하든, 적어도 6시간에서 많게는 9시간동안 계속 연습을 했어요. 다음 달 예선 대회에서 1등을 했어요. 근데 안 기쁘더라고요. 그 다음 본선 밖에 생각이 안 나고요. 그때 제 스스로에게 걸었던 주문이 있어요. '술을 마시면 진다', '친구만나면 진다', '랩 말고 딴 짓하면 진다'는 거였죠. 드래곤 에이티가 무서운 적이자, 스승이었던 거예요. 결론적으로 본선에서는 운이 좋게 우승을 했습니다.

이게 제가 술집을 하다가 망했던 거랑도 연결이 돼요. 단가, 수익계산 등 술집 운영에 대해서 아예 모르고 그냥 '어! 내가 이 술집의 사장이 되는구나!' 이런 겉멋에 취해버리는 바람에 진짜 쫄딱 망했었거든요. 친구들과의 관계도 다 나빠지고, 돈은 돈대로 잃고, 건강도 건강대로 잃었었죠. 그때 남았던 교훈 한 가지는 '어설프게 하면 망한다'라는 거였어요. 랩 배틀 때도 어설프게 예선전을 임했을 땐 망했잖아요. 그 다음부터는 드래곤 에이티가 항상 무슨 유령처럼 따라 다녔고, 그래서 '어설프면 죽는다'라는 생각이 있었죠. 진짜 사랑하는 랩을 그만둬야 하나 싶을 정도의 고민에 대한 답으로 열심히, 전력을 다했죠. 직업에 귀천은 없고, 어떤 분야에서 어떻게 성공할지는 아무도 모르는데, 어떤 것이든 어설프게 하지 말고 정말 전심전력을 다하시면 좋겠다는 생각이 듭니다.

가수는
행복한 직업

▶ 공연하는 모습

▶ 랩 창작 입문서 '누구나 랩' 출간

▶ 울산대학교에서 프리스타일 랩 세미나 진행 중

▶ 프리스타일 데이 랩배틀 사회를 보고 있는 나

비트를 틀고 랩 작사를 가장 많이 하는 편이에요. 노래를 따라 부르는 것도 많이 하고요. 그거 외에는 책을 읽는다거나 글을 쓴다거나 하는 작업 위주예요. 행사 있을 땐 공연장을 가고, 라이브도 연습하고, 뮤직비디오를 찍으면 뮤직비디오를 찍고, 스튜디오 가서 녹음을 하죠. 어쨌든 제가 볼 때 가장 기본이 되는 일과는 비트를 들으면서 랩 작사를 하는 것, 그게 제일 많지 않을까 생각합니다.

래퍼는 가사를 많이 쓰고 그 다음에 음악을 듣고 따라 부르고 하는 연습하는 시간들을 많이 가져요. 곡 비트를 듣고 거기에 맞춰서 가사를 쓰거나 아니면 직접 작곡도 하죠. 제일 즐거운 일은 공연이에요. 떨림도 있고 긴장도 되지만 무대에 올라왔을 때 짜릿한 느낌, 관객들이 호응해줄 때 그 기분은 이루 말할 수 없을 정도로 너무 신나고 즐거워요. 힘든 건 작업을 하다가 막힐 때 인 것 같아요. 작업을 하다가 가사가 안 나오거나, 써놓고 되게 좋았는데 그 다음날 다시 들어보면 좀 별로거나 할 때가 있는데 그럴 때 좀 힘들어요. 래퍼들은 서로 디스하거나 신경전 같은 것들을 주고받을 때가 있는데, 그런 것들도 조금 힘든 부분이라면 힘든 부분일 수 있을 거 같아요.

팬 분들이나 자기만의 매니아 층이 생기는데 오래 걸리는 것 같아요. 나라는 뮤지션을 사람들한테 드러내야 하는데 그 시간이 제법 걸리는 거죠. 앨범으로서든 뮤직비디오로서든, 나름의 콘텐츠 제작 등으로서 알려지는 데 시간이 걸려요. 요즘에는 유튜브를 통해서 다양한 분들이 자기의 재능과 캐릭터들을 드러내시는 거 같아요. 래퍼 분들도 유튜브를 많이 활용하시고요. 그래도 여전히 가수로서 그 사람의 진가를 드러내는 데는 시간이 좀 걸리는 것 같아요.

가수가 되고나서 새롭게 알게 된 점이 있나요?

무대에 서는 사람이 마냥 멋있어 보였는데, 거기까지 가는 데 보이지 않는 곳에서 엄청난 시간과 노력을 들인다는 거죠. 치열하게 살고 있다는 걸 알게 된 거 같아요. 그냥, 마냥 노는 사람들이라고 생각했는데, 공부도 정말 열심히 하고, 성실하게 자기 분야를 갈고 닦는 분들이구나, 알게 됐죠.

가수에 대해 잘못 알려진 사실이 있을까요?

제가 래퍼로서 알려지기 전에 저보다 선배님이셨던 어떤 래퍼분과 만난 일이 있어요. 제 기준에서는 정말 대단한 분이셨는데 그 당시에 생각보다 경제적 수익이 없어서 좀 놀랐던 적이 있네요. 이정도면 돈도 많이 벌 것 같고, 많은 인정을 받을 거라고 생각했는데 생각보다 오래 경제적으로 고통 받아야 하는구나, 생각했죠. 그래도 그분은 음악을 꾸준히 하셨고, 실력도 점점 더 쌓여서 더 좋은 보상을 받으셨던 거 같아요. '래퍼면 FLEX(돈자랑)한다'라는 말은 오해일 수 있어요. 저축이나 적금을 많이 하는 분들도 계실 거고요. 많은 가수들이 수익이 그렇게 일정하지 않거든요. 돈이 들어올 때는 한꺼번에 많이 들어오는 구조가 많긴 하지만, 그 돈으로 FLEX(자랑)를 하지 않는 분들도 많은 거죠.

가수를 한마디로 표현한다면?

나 대신 울어주는 사람, 웃어주는 사람.

어떤 가수가 성공한 가수, 행복한 가수일까요?

성공한 가수가 행복한 가수고, 행복한 가수가 성공한 가수인 거 같아요.

Question

가수로서의 비전을 말씀해주세요.

길거리에서든 공연장에서든 어떤 상황이든지 가수는 3분 짜리 노래 속으로 듣는 사람들을 빠져들게 하잖아요. 노래의 그 상황으로 초대를 해버리는 거죠. 그걸 계속하고 싶어요. 그리고 안에 있는 울분이 됐든, 기쁨이 됐든, 억눌림이 됐든, 그런 감정을 폭발시켜주고, 해소시켜주고, 풀어놓아주고 싶어요. 음악을 통해서 랩을 통해서 함께 놀면서 치유되는 걸 꿈꿔요. 치유라는 게 다른 게 아니라 공감하고, 소통하고 감정을 표출하는 일이라고 생각해요.

Question

본인의 비전을 위해서 어떤 노력을 하나요?

음악도 음악이지만 청소년 상담사, 심리학 등 공부들을 좀 하고 있어요. 그리고 제가 먼저 감정을 풀어놓으려고 해요. 가감 없이 말이죠. 무의식에 있는 것이든, 감정을 검열하지 않고 먼저 풀어놓는다면 듣는 사람들이 주파수가 맞을 때 그들도 같이 자기감정을 풀어놓을 수 있으니까요. 특히 프리스타일 랩에서 그런 것들을 하고 있는 거 같아요. 학생들이랑 혹은 래퍼들이랑 사이퍼를 하면서 놀 때 그 순간만큼은 미쳐버리죠. 그 때 소심했던 사람도 풀어지거나 자기를 표출하게 돼요. 그게 되게 중요한 거 같아요.

가수 다음의 직업도 생각하시나요?

랩 강의를 계속 꾸준히 하고, 음악 놀이 치료도 생각을 해요. 제작 프로듀서 일도 언젠가 하지 않을까 생각하고 있어요. 그래서 이제 좋은 가수를 옆에서 케어 해보고 싶다는 생각을 하고 있죠. 지금 당장은 제 역량이 부족해서 안 되고, 5년 후, 10년 후 역량이 된다면 좋은 가수 분들과 함께 제작을 하고 있지 않을까 생각하고 있습니다.

Question ## 지인 혹은 가족들에게 '가수'라는 직업 추천하나요?

추천해요. 그냥 아무한테 하라는 건 아니지만 음악을 좋아하고 노래를 부르고 싶은 사람에게는 정말 좋은 직업이에요. 제게 이것만큼 좋은 직업이 있을까 싶을 정도로 좋은 직업이에요. 음악을 하는 게 행복하고 즐겁고 음악이라는 일을 자기가 원하고 잘할 수 있다면 추천해주고 싶어요. 그게 어떤 분야든 상관없어요. 트로트가 됐든, 발라드가 됐든 좋은 거 같아요. 최고의 직업 중 하나에요. 공연할 때 누군가 제 노래를 듣고 위로를 받았다거나 즐겁다는 얘기를 들었을 때 너무 행복해요. 실은 그 이전에 제가 먼저 좋고요. 제가 그 얘기를 쓰면서 먼저 치유도 되고 먼저 행복해지니까요. 어릴 때 분노, 분통, 억눌림이 많았었는데 음악 덕분에 그 시기를 잘 넘겨온 거 같아요. 사람들과 대화를 하면서 잘 풀지 못했던 이야기를 랩이 들어줬어요. 그러면 스스로도 풀리고 정리가 되고 했었죠. 사람들이 아픈 이유는 다양하겠지만 제가 볼 때는 하고 싶은 말이 있는데 못 하거나, 듣고 싶은 말이 있는데 못 들을 때 아픈 것 같더라고요. 래퍼는 하고 싶은 말이 있으면 하면 되고, 듣고 싶은 말 있으면 자기가 쓰면 되니까 그걸 다 해낼 수 있는 거 같아요.

마지막으로 가수를 꿈꾸는 학생들에게 해주실 말이 있다면?

유명해지면 사람들이 알아보고, 좋아해주니까 본인이 '남들과 다르다'라는 생각이 들수도 있어요. 어느 순간 연예인 병이 걸린다거나 헛바람이 든다거나 할 수도 있죠. 하지만 나를 아껴주고 사랑해주는 사람들이 소중하다는 걸 알아야 해요. '내 음악을 들어주는 사람이 있기 때문에 나도 있다'라는 생각을 먼저 해주시면 좋지 않을까요. 그리고 음악을 꾸준하고 성실히 해야 해요. 저는 '기리보이'라는 뮤지션을 정말 좋아하는데, 기리보이, 더콰이엇, 도끼, 이런 래퍼 분들이 사랑받는 이유에는 실력과 비주얼도 있겠지만 그 꾸준함이 제일 큰 것 같아요. 겸손하게, 그리고 꾸준하게 나아가시면 좋겠습니다. 그러면 정말 늘거든요

저도 처음에는 '이게 될까'라는 생각을 많이 했는데 좋아서 하다보니까 조금씩 실력이 늘더라고요. 물론 사람들이 '안 될 거야'라고 말하면 '어 진짜 안 되려나' 하는 생각이 들기도 했죠. 그런데 '너무 하고 싶은데'라는 생각도 계속 들더라고요. 오기가 생겨서 계속 더 하다보니까 조금 더 좋은 성과를 내게 됐어요. 해마다 '내년에도 하고 싶은데 어떻게 해야 될까'를 고민하면서 그 해에 뭔가를 남기려고 더 치열하게 했던 거 같아요. 그렇게 1년, 2년, 10년이 쌓이다보니까 어느새 래퍼라고 불리고 있었어요. '생각하는 대로 다 이뤄진다'는 말이 진리라고 생각해요. 헨리포드가 한 비슷한 말이 유명하죠.

'당신이 할 수 있다고 생각하든, 할 수 없다고 생각하든, 당신의 생각은 옳다'. 이 말로 마무리하고 싶습니다. 당신의 꿈을 응원합니다!

삶의 구심점에는 언제나 '노래'가 있었다. 더 좋은 노래를 하기 위해 일상을 노래 중심으로 구성했고, 노래 공부를 하기 위해 언어를 배웠고, 더 나은 무대를 만들기 위해 연기와 춤을 익혔다. 노래와 관련된 것이라면 겁 나는 것도 없었다. 고등학교를 졸업하자마자 홀로 이탈리아 유학길에 올랐고 학교를 다니는 동안 꾸준히 성장했다. 꿈으로 가는 과정에 부모님과의 갈등이나 스스로에 대한 회의도 있었지만, 항상 방법을 찾아냈다. 정말 가슴 뛰는, '노래'라는 목표가 언제나 확고했으니까.

"사람을 좋아하고 밝은 에너지를 뿜으며 걷는 걸 즐기고 긍정적이며 열린 마인드를 가진 성악가"라고 스스로를 소개하는 그는 현재 성악가, 교육자, 음악 치료사, 도봉구 마을 센터 '그린트리예술창작센터'의 설립자이자 운영자, 기획자로도 활동하고 있다.

성악가, 소프라노
이진희

경력
- 이탈리아 A.Casella 국립음악원 수석 졸업
- 오페라 라보엠, 사라의 묘약, 피가로의 결혼 등 주연
- 초청공연, 협연, 독창회, 뮤지컬, 정극, 공연 기획,
  재능기부 등 1000회 공연
- 그린트리예술창작센터 설립 · 운영 · 기획

가수의 스케줄

이진희
성악가의
하루

22:00 ~ 23:00
▶ 공연 피드백
‧ 휴식 및 정리
23:00 ~
▶ 취침

06:00
▶ 기상
06:10 ~ 07:40
▶ 걷기, 운동

18:00 ~ 19:00
▶ 저녁 식사
18:00 ~ 19:00
▶ 공연

07:40 ~ 09:30
▶ 딸들 챙겨 학교 보내기
07:40 ~ 09:30
▶ 아침식사 및 차 한잔

13:00 ~ 15:00
▶ 개인시간, 독서
‧ 집안 일
15:00 ~ 18:00
▶ 공연 준비

10:00 ~ 12:00
▶ 극장도착
▶ 호흡 훈련, 발성 훈련,
   노래 연습, 악보 리딩
12:00 ~ 13:00
▶ 점심 식사

'소질이 없다'는
말

▶ 어린시절, 엄마와 춤을

▶ 초등학교 시절

▶ 중학교 시절

학창시절에 어떤 학생이었는지 들려주세요

초등학교 1~2학때 노래를 반짝 잘했다가 그 다음부터는 그러지 못했어요. 재능이 별로 없었죠. 예술중이나 예술고를 갈 수도 없을 정도였어요. 실력이 안 돼서요. 워낙 잘하고 쟁쟁한 친구들이 많았어요. 또, 당시에는 예고를 가야한다는 것 자체를 잘 몰랐어요. 주위에 관련해 아는 사람이 별로 없었죠. 그래서 고등학교도 그냥 인문계를 갔어요. 공부를 아주 잘했던 건 아니지만 중상위권은 됐으니 별 어려움 없이 학교를 다녔는데, 노래를 너무 좋아하니까 중학교에서든 고등학교에서든 학교 친구들은 다 알았죠. 제가 노래하고 싶어 한다는 걸요.

학창시절 참가했던 교내·외 활동을 소개해주세요

어렸을 때부터 노래하는 게 너무 좋았어요. 초등학교 2학년 때는 입학식에서 신입생 맞이 공연을 했었죠. 학교 대표가 돼서 화장하고 머리 묶고 무대에 나가서 노래를 불렀어요. 끼가 있었던 거죠. 또, 노래 대회가 열리면 무조건 나갔던 것 같아요. 초등학교 때부터요. 제가 다녔던 초등학교가 기독교 학교였는데, 찬송가 대회가 있었어요. 찬송가 대회가 열리면 나가서 상을 타왔죠. 중학교 때도 합창반을 했고요. 이런 활동들을 계속 이어왔죠. 고등학교 때는 KBS에서 학생들 대상의 노래 대회가 있었어요. 'KBS 가곡 대상'이었을 거예요. 그때도 나갔어요. 똑 떨어졌지만요.

그러다보니 친구들 사이에서 '쟤는 노래하는 애'라는 이미지가 자연스레 생겼죠. 사실 잘하는 건 아니었어요. 단지 노래가 하고 싶었어요. 확고하게요.

학창시절의 성적이 가수라는 직업을 가지는 데 도움이 됐나요?

성적과 가수 사이 연관성은 없어요. 제가 공부를 되게 잘했었거든요. 성적이 아까우니 음대를 가지 말라고 할 정도로요. 근데 그게 별로 중요하지 않더라고요. 성적이 좋아서 좋은 대학을 가는 것만이 길은 아니라고 생각해요. 꿈을 가지고, 자신을 믿고, 자신이 원하는 게 있다면 도전해보는 거죠.

'노래하는 데 성적이 중요해요?' 라고 물어보는 친구가 있다면, '아니. 성적은 별로 중요하지 않아. 중요한 건 네가 정말 원하는 게 무엇인지를 아는 거야'라고 말해주고 싶네요. 꿈을 찾아가는 용기가 가장 중요한 거라고요.

기억에 남는 활동이 있나요?

저는 그저 열심히 학교를 다니면서, 연애를 열심히 했을 뿐이에요. 그때 만났던 사람이 지금의 남편이 됐으니까 기억에 남는다면 남는 활동이네요. 그때 열심히 놀았어요. 학교에 있을 땐 굉장히 모범생이었고, 학교를 나오는 순간 날라리가 되었죠. 학교를 마치고 대학로에 가서 친구들과 노래를 불렀던 게 기억이 나요. 나름 버스킹이었던 셈이죠. 꼭 성악은 아니었고 여러 장르의 노래를 했던 것 같아요. 앉아서 노래하고 그런 걸 되게 좋아했죠. 시간만 되면 갔어요.

성악가가 되는 데 어떤 활동이 도움이 됐나요?

성당에서 성가대를 했는데, 그게 도움이 됐어요. 초등학교 4학년 때부터 성당을 다녔어요. 계속 일어났다 앉았다를 반복하며 조용하고 엄숙한 분위기에서 기도하는 게 싫었어요. 그래서 성당 가는 제 손에 엄마가 용돈을 쥐어주면 언니들이랑 셋이서 '오늘은 가지 말까'하고 땡땡이를 친 적도 있어요. 그러다가 중학교 1학년 때 엄마가 오늘은 꼭 성당에 가라고 해서 마지못해 갔는데, 제 귀에 어떤 음악이 확 꽂히더라고요. 성가대였어요. 노래하는 성가대를 보는데, '저긴 내가 들어가야 할 곳이다'라는 생각이 바로 드는 거예요. 강력한 끌림이었어요. 성가대를 골똘히 보니 어디서 많이 본 얼굴이 있더라고요. 우리 학교를 다니는 친구였어요. 다음날 그 친구를 찾아 갔어요. 그리고 처음 보는 애에게 "나 거기 들어가려고 하는데 어떻게 하면 되니?"라고 물어봤어요. 그렇게 해서 성가대를 들어가게 됐죠. 너무 좋았어요. 그 안에서 연애도 많이 했고, 저희 남편도 만났어요. 또, 성가대 친구들이랑 같이 어울려 다니면서 매일 대학로도 가곤 했어요.

진로를 정하면서 어려움은 없었나요?

초등학교 1~2학년 때까지는 노래를 잘했다고 말씀드렸잖아요. 초등학교 4~5학년 쯤 되니까 노래를 점점 못하게 되는 거예요. 노래를 좋아하니까 엄마가 중학교 때 합창단에 보냈는데, 제가 갈피를 못 잡았어요. 합창은 필요한 발성이 평소 노래를 부를 때와 조금 다르거든요. 지금에야 제가 성악가고 발성 이론을 알고 있으니 그때 그랬구나, 이유를 알지만 그 당시에는 왜인지 몰랐죠. 그냥 어느 순간부터 노래를 못하게 됐다, 음이 안 올라간다고 생각했어요. 그래서 좌절을 많이 했고요. 그 시기가 쭉 이어졌죠. 초등학교 고학년부터는 계속 노래를 잘하지 못했어요. 그래도 노래를 굉장히 좋아하는 아이, 항상 노래를 부르고 싶어 하는 아이였어요.

언제 처음 '성악가'를 꿈꾸게 됐나요?

어렸을 때 TV를 보다가 '사운드 오브 뮤직'이라는 영화를 봤어요. TV에서 여러 번 방영됐는데 그걸 볼 때마다 두근거리는 거예요. 주인공 마리아가 알프스 위로 뛰어올라가면서 노래를 부르는 장면에서는 가슴이 터질 것 같았죠. 그때는 이유를 몰랐고, 그게 '뮤지컬'인지는 더더욱 몰랐어요. 그냥 너무 좋았고, 감동을 받았어요. 그 영화를 보면서 '난 꼭 노래하는 사람이 될 거야' 다짐했죠.

주변 어른들께 '노래하려면 어떤 직업을 가져야 해?'라고 물었더니 '성악가'라고 말씀하셔서, 그때부터 '그럼 난 성악가가 될 거야'라고 말하고 다녔어요.

Question 가족들과 관계는 어땠나요?

아주 좋았죠. 아버지가 의사시고, 클래식에 관심이 많으세요. 저는 혜택을 많이 받았죠. 부모님이 경제력이 있으셨고, 제가 하고자 하는 일에 대해 아주 문외한도 아니셨으니까요. 어느 정도 지지와 공감을 해주실 수 있는 분이셨죠.

사실, 음악을 하는 데 있어서 얼마나 많은 노력과 어려움이 있는지, 그리고 경제적인 지원이 필요한지 잘 아셨기 때문에 처음에는 반대를 많이 하셨어요. 엄청 반대를 하셨지만, 결국 '정 네가 그렇게 좋다면, 셋째니까 한번 해봐' 하신 거죠. 제가 만약에 첫째로 태어났다면 어려웠을 거예요. 지금도 이런 말씀을 하시거든요. '첫째 둘째 같았으면 안 보냈다. 너니까 보냈다'라고요. 부모님께 크게 안 기대고 독립적으로 여기저기서 노래를 하고 있었으니까 유학까지 보내주신 것 같아요.

지금은 굉장히 자랑스러워하세요. 제가 하는 공연마다 오시고요. 부모님이 자랑스러워하실 만한 딸이 됐다는 게 제가 이제껏 한 일 중 가장 잘한 일인 것 같네요.

부모님 얘기를 좀 더 해보면, 저희 부모님이 엄격한 편이세요. '결혼 전까지 연애란 절대 있을 수 없다'고 말하실 정도였어요. 저는 몰래몰래 연애를 했고요. 참 잘했다고 생각해요. 사람이 경험을 해야죠. 그리고 그게 자연스러웠다고 생각하고요.

 **부모님의 기대 직업과 본인의 희망직업 사이에 갈등은 없었나요?**

어렸을 때부터 저는 한결 같았어요. '성악가가 되리라', '노래하는 사람이 되리라'. 변해본 적이 없어요. 엄마는 반대를 심하게 하셨죠. 그래도 다른 직업은 생각이 안 나더라고요. 성악가 외에는 생각해본 적도 없고, 할 것도 없다고 생각했어요. 어머니는 수없이 많은 선생님들이 '애는 소질이 없어요', '시키지 마세요'라고 하니까 모멸감을 많이 느끼셨던 것 같아요. 그 당시에 만났던 선생님들이 입시하시는 분들이었는데, 아무래도 촌지에 길들여진 사람들이었나 봐요. '따님이 되게 소질이 없는데 대학 들여보내고 싶으시면 아파트 한 채 주셔야 돼요'라는 이야기까지 들으셨다고 하더라고요. 그 말에 어머니가 굉장히 충격을 받으셨고, 성악가를 절대 시키지 말아야겠다고 다짐하셨대요. 전 단식투쟁으로 대항했고요.

부모님을 어떻게 설득했나요?

　제가 셋째 딸이에요. 큰언니, 작은 언니는 엄마, 아빠 뜻대로 집-학원을 다니면서 공부를 했죠. 그런데 저는 그 당시에 반항을 많이 했어요. 당시 저는 성악가가 되고 싶었는데, 부모님은 성악가만 아니면 된다는 입장이었어요. '공부도 좀 잘 하니까 그냥 인문계에서 찾아보자', '소질이 없다는 데 왜 자꾸 하려고 그러느냐' 이런 말씀을 하셨죠. 저는 '찾아볼 마음이 없다. 무조건 성악이다' 했고요. 결국 일주일간 단식 투쟁을 했어요. 물론 단식을 한다곤 했지만 몰래 언니들이 간식을 가져다주기도 했어요. 그래도 공식적으로는 단식 투쟁이었죠. 그랬더니 엄마 아빠가 생각이 좀 달라지셨나 봐요. '그 정도로 좋아?' 싶으셨나 봐요. 제가 지금 딸을 키우고 있는데요, '애들이 정말 좋아하면 할 수 없지' 싶어지더라고요. 내가 생각하는 옳은 길로 가면 좋겠지만, 더 중요한 건 애가 행복하게 잘사는 거죠. 저희 부모님도 결국 '그래, 그러면 해'라고 대답해주셨고요.

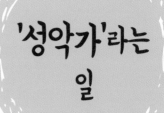

'성악가'라는 일

▶ 사계 공연 대기실에서

▶ 준비_마에스트라와

▶ 준비_M.Degl_Innocenti와

유학은 어떻게 결정하게 됐나요?

전 한국에서 대학을 안 나왔어요. 고등학교를 졸업하고 바로 이탈리아에 갔죠. 너무 잘해서가 아니라 너무 못해서 그랬어요. 이탈리아로 유학을 갔을 당시 거기서 제가 막내였어요. 고등학교를 졸업하자마자 온 사람이 저 밖에 없었던 거예요. 대학교를 마치거나 대학원까지 마친, 거기서도 정말 잘하는 사람들만 유학을 가던 시절이었어요. 92년도였죠.

유학을 가겠다고 했을 때 한국에선 다 말렸어요. '노래 하지마. 성적도 좋은데 성적 맞춰서 대학이나 가'라는 말을 많이 들었어요. 노래하면 돈도 많이 들고 그때는 노래도 되게 못했으니까요. 어떤 선생님을 찾아가도 '너는 취미로 해. 소질이 없어'라는 이야기를 들었죠. '노래에 소질이 없는 아이'라는 낙인이 찍혔고요. 그래서 이탈리아로 간 거예요. 한국에서는 안 될 것 같아서요. 저는 노래를 계속 하고 싶었고요.

'이탈리아에 가면 된다'는 걸 알게 되기까지도 사연이 있어요. 당시 주변에 아는 성악가 분이 없어서 엄마가 엄청 수소문을 하셨어요. 결국 연세대학교 교수님 한 분을 알게 됐는데, 엄마가 엄청 사정을 하셨대요. 저희 엄마가 하도 사정을 하시니까 그 분이 엄마를 한 번 만나서 이런 저런 이야기를 해주신 거죠. '이탈리아를 가면 좋다', '이탈리아에 제자들도 많이 가있으니까 너무 걱정하지 마시라' 그런 이야기를 들으셨대요. 만나고 오셔서 엄마가 그러시더라고요. "너 그렇게 좋으면 갈래?" 저는 바로 "네."라고 대답했고, 유학을 결정했어요. 세 달 후에 바로 떠났어요.

고등학교를 2월에 졸업하고 4월에 바로 이탈리아로 갔죠. 4월 9일에 도착해서 딱 1개월간 이탈리아 어학원을 다녔어요. 이탈리아어가 한국어랑 굉장히 달라요. 이탈리아어는 성수 변화가 다 있거든요. 단어마다 남성이고, 여성이고 다 있어요. 처음에는 무슨 말인지 알아들을 수가 없는 거예요. 이탈리아에 가서 이탈리아어를 공부하려니까 모든 게 낯설고 너무 어려웠죠. 그래도 시험과 면접을 이탈리아어로 본다니까, 4월에 도착하자마자 하루에 4시간만 자고 계속 이탈리아어 공부만 했던 것 같아요.

운이 좋게도 6월에 국립음악원에 입학했어요. 한국에서 대학교나 대학원을 졸업하고 온 사람들도 종종 재수, 삼수를 해야 들어오는 곳인데, 저는 4월에 이탈리아를 도착해서 6월에 학교에 합격한 거예요. 제가 잘해서가 아니었어요. 다른 지원자들은 굉장히 많은 노력을 거쳐서 왔는데, 그러다 보니까 잘못된 발성과 습관이 이미 뿌리 깊은 경우가 있었나 봐요. 그 경우 교수도 도저히 손댈 수가 없었고요. 그래서 그 학교 교수들은 차라리 '하얀 도화지처럼 아무 것도 없는 애가 나아. 가능성이 있는 애잖아'라고 생각했던 것 같아요. 6.5점이 커트라인인데, 6.5점을 받고 학교에 들어갔어요.

우리나라는 대학에 들어가는 게 힘들잖아요. 반면에 이탈리아는 한 해 한 해 올라가는 게 너무너무 힘들어요. 국립음악원은 5년 코스인데, 기준에 안 되면 중간에라도 그냥 내보내요. 실력이 늘지 않으면 잘리는 거죠. 그런 곳에서 조금씩 조금씩 실력이 늘었어요. 6.5점이 7.0점으로, 7.5점으로, 8점으로, 8.5점……. 결국에는 수석으로 졸업을 했어요. 드라마틱하죠.

스스로 성장하는 걸 좋아해요. 사실 나를 성장시켜줄 만한 것이 많지 않은데, 무대 위에 서는 일은 그 자체가 성장이에요. 무대의 피드백을 얻어서 다시 나아가다보면 놀랍게 성장하죠.

'피가로의 결혼'에서 단역을 맡은 적이 있어요. 저를 가르치던 선생님께서 추천을 해주신 역할이었어요. 첫 번째 연습 날이었고, 오케스트라 배우들과 합창단까지 다 모인 자리였죠. 거의 백 명 가까이 되는 사람들이 모였는데, 각자 공부를 하는 거예요. 저는 연습 날에 제 역할의 가사 연습을 시켜주는 줄 알았어요. 계속 가르침을 받아 왔으니까 당연히 그럴 줄 알았던 거죠. 그런데 저만 제 역할을 모르더라고요.

다른 사람들은 이미 다 외우다시피 해 와서 그 자리에서는 합을 맞추고 있었는데, 저는 버벅거리면서 음도 제대로 못 맞추고, 말도 제대로 못했던 거예요. 그때의 창피함과 부끄러움은 말할 수 없어요. 선생님이 유일하게 한국 사람을 추천해주셨는데, 저를 추천해준 선생님께 너무너무 죄송해서 쥐구멍이라도 숨어 들어가고 싶었어요. '내가 무슨 예술가야. 내가 무슨 음악가야. 너 진짜 이렇게 살면 안 된다'고 다짐했던 계기였죠. 그 사건 이후로 누구보다도 준비를 철저히 했어요. 된통 혼난 기억, 무대는 아니지만 기억이 나네요.

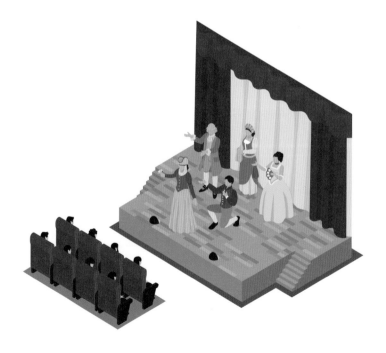

Question 성악가라서 겪는 특이사항이 있다면요?

성악가는 몸이 악기예요. 조심해야 할 게 굉장히 많아요. 목이 건조하면 안 되고, 밥을 많이 먹어서 더부룩해도 안 되죠. 기분이 나빠도 노래가 안 나와요. 만일 되게 비싼 몇 십 억짜리 바이올린이 있다고 생각해보세요. 걔를 정말 애지중지하겠죠. 비도 안 맞혀요. 자기보다 악기부터 챙기겠죠. 저는 제 몸이 그런 악기인 거예요. 하지만 조심하면서, 아끼면서만 할 수 있는 연주는 없어요. 연주하는 장소마다 환경이 다르니까요. 결국 어떤 상황에서도 어느 정도는 컨디션을 맞출 수 있도록 단련된 사람이 전문 성악가인 거죠. 그래서 어떤 성악가들은 말도 거의 안 해요. 무대하기 몇 주 전부터 말도 안하고, 먹는 것도 조심하고, 되게 예민하죠. 어느 정도의 컨디션을 맞출 수 있도록 자신만의 기준과 기본을 지키는 거예요.

Question 일과를 소개해주세요

성악가는 매일 노래에 대한 고민과 발성에 대한 연구, 레퍼토리 확충을 위해 노력합니다. 연습은 너무 오래 하면 성대에 무리를 줄 수 있어서 소리를 내는 연습은 1~3시간 정도, 나머지 시간은 악보를 익히고 무대를 만드는 일에 전념해요.

무대에 서기 전에는 컨디션 관리에 집중하긴 하지만, 가능한 평범하게 보내다가 리허설하고 노래하려고 하는 편이에요. 공연이 있는 날에도 아무렇지 않게, 일상같이 보내죠. 내가 산책을 매일 간다면, 공연이 있는 날도 산책을 갔다 와요. 다만 힘들 정도로 너무 심하게는 말고요. 잠도 푹 자고, 맛있는 것도 잘 챙겨 먹어요. 무대 전까지 일상처럼 보낼 수 있는 건, 제가 무대가 잡히기 전 일상 속에서도 저를 단련해왔기 때문이죠.

성악가가 되고나서 새롭게 알게 된 점이 있나요?

대부분의 성악가가 성격이 호탕하고 좋아요. 성악가는 뭐랄까, 오픈돼 있다고 할까요. 긍정적이죠. 약간 분위기 메이커에요. 그런 분들이 많아요. 웃긴 사람들도 이상한 사람들도 많고요.

 성악가들에 대해 흔히 오해하는 게 있다면요?

'성악가들은 다 뚱뚱해야 한다'는 건 오해요. 성량이 있어야 하니까 '성악가는 뚱뚱해야 한다'는 오해를 가지는 것 같아요. 저도 한때는 그런 말을 믿고 많이 먹었죠. 사실은 뚱뚱함이 아니라 '힘'이 있어야 해요. 객석을 뚫고 나가는 소리를 내려면 길러야 하는 건 체력이죠.

 가수 이외의 직업을 가진 적이 있나요?

성악을 전공했고, 졸업 후 한국에 잠깐 와서 음반을 냈어요. 이후 바로 일본에 가서 뮤지컬 배우로 활동했고요. 그리고 다시 한국에 들어와서 음악치료사 공부를 한 다음 자격증을 땄어요. 1급까지요. 지금은 음악치료센터까지 운영하고 있죠. 어떤 일을 했던 음악에 관련된 일을 항상 했던 것 같아요.

▶ 불가리아, 오페라 '사랑의 묘약' 주역

중심에는
언제나
'음악'이

▶ 예술의 전당 공연

▶ 푸르게 더 푸르게 공연

'성악가'는 어떤 직업인가요?

성악가는 자주 마이크를 대지 않고 노래를 해요. '벨칸토'라는 전통적인 창법을 써서요. 호흡과 발성, 가장 좋은 공명을 찾아낼 수 있는 창법이죠. 이 창법을 제대로 적용하려면 건강해야 합니다. 목을 포함해 몸이 건강해야 하고, 일상을 보내는 주변의 환경이 건강해야 하고, 생각도 건강해야 해요. 성악가란 '건강한 노래'를 하는 사람입니다.

Question **계속 성악가로 활동하게끔 했던 힘이 있다면요?**

성악가는 무대에 서는 사람이잖아요. 진정한 성악가가 되기 위해서는 많은 무대를 서야 하고, 그 많은 무대를 이겨낼 줄 알아야 한다고 생각했어요. 무대에서 노래를 잘하기 위해서 춤도 배웠고, 연기도 배웠고, 다른 언어도 배웠어요. 무대에서 노래를 잘하기 위해서 제가 할 수 있는 건 다 해왔던 것 같아요. 그랬을 수 있었던 던 이유는 제가 너무 부족했기 때문이겠죠. '부족함'이라는 원동력이 없었다면 저는 아무것도 안 됐을 것 같아요. 만약 재능을 타고나서 어렸을 때부터 노래를 줄곧 잘했다면, 노래를 잘한다는 말을 줄곧 들었다면 내가 이렇게까지 노력을 했을까, 내가 이렇게 잘할 수 있었을까, 생각이 들어요.

어떤 기준으로 진로를 결정하면 좋을까요?

두근거림이죠. 제가 성악가, 노래하는 사람으로 진로를 결정한 이유는 제 가슴이 두근 거리고 노래를 부르는 게 너무 좋아서였어요. 노래를 하면 행복해지고요. 그것 외에는 없었어요.

Question 성악가가 어떤 '일'을 하는지 소개해주세요

일반적으로 학교에서 좋은 학점으로 졸업하면 그게 일하고 연계될 수도 있지만, 예술 은 그렇지가 않아요. 아무리 수석으로 졸업했어도, 무대는 또 다른 거예요. 졸업장이 있 다고 바로 무대에 서서 최고의 예술가가 되는 건 전혀 아니거든요.

성악가는 무대 위에서 돈을 벌어야 해요. 하지만 한국의 현실은 그렇지 않고 세계적으 로도 마찬가지죠. 아주 뛰어난 뮤지션들 외 90프로는 레슨을 하거나 성가대를 지휘하거 나 여러 가지 부수적인 일을 하면서 돈을 벌어요. 저도 대학에서 교수 일을 하지만, 돈을 많이 벌 수 있는 일은 아니에요. 생계를 유지할 만큼 벌지는 못해요. 다만, 교수라는 타이 틀로 많은 레슨을 하죠. 그게 바람직하지는 않죠. 성악가라면 무대에 서야 하니까요. 그 런데 설 수 있는 무대가 없어요. 관객이 없으니까. 문제죠.

제가 '그린트리예술창작센터'에서 '그린트리마을극장'을 하거든요? 미래의 관객을 개발하는 것도 저의 꿈 중 하나라서 그래요. 안 들어본 사람은 모르거든요. 성악이 좋은지, 나에게 맞는지. 경험해보지 못한 걸 좋아해달라고 얘기할 수 없잖아요? 성악가가 세종문화회관이나 예술의 전당 등에서 아무리 좋은 무대를 한들 여기 있는 상인들이 그 비용을 지불해서 볼까요? 절대 안 보거든요. 영화에 밀리죠. 뮤지컬이나 연극도 마찬가지고요. 하지만 삶 속에 스며들면, 내가 찾아가게 되어 있어요. 문만 열면 들어올 수 있는 곳을 만들고 싶었어요.

그린트리예술창작센터는 갓난아이도 들어와서 클래식을 감상할 수 있는 곳이에요. 다른 무대에 아이들은 못 들어가거든요. 8살 이상만 들어갈 수 있어요. 그렇지만 우리는 와서 자도 되고, 잠깐 떠들고 싶으면 도중에 나갔다 와도 돼요. 엄마랑 아기가 같이 볼 수 있는 클래식도 있어요. 어렵지 않게, 쉽게 설명하죠. 그렇게 하다보니까 마을의 문화 수준이 높아졌어요. 무대에 서는 사람들마다 '관객이 너무 훌륭해요' 이야기를 많이 해요. 이곳에서 약 170회 공연을 했는데, 한 번도 똑같은 공연을 해 본 적이 없어요. 정말 다양한 장르를 시도했죠. 생각할 수 있는 모든 장르를 여기서 했어요. 많은 예술인들이 그런 시도를 해야 한다고 생각해요.

많은 성악가들이 유학을 다녀와서 어떻게 해서든지 대학에서 교수가 되려고 해요. 몇억, 몇 십억을 들여서 교수가 되는 거죠. 교수 타이틀로 학생들을 모아서 레슨을 하고요. 그런데 지금 대학에서 성악과가 없어지거나 점점 줄어드는 추세거든요. 그 한 길만 보고 가면 안 되는 거죠. 그래서 다양한 시도가 필요해요 성악이 필요한 곳이 다양한 영역에서 많아요. 그렇기 때문에 지금 성악을 정말 원하는 분들이 열심히 해서 중요한 무대에도 서고, 동시에 일상 속에 있는 작은 무대를 만들어서 많은 사람들과 같이 공감도 했으면 좋겠네요. 어쩌면 후자가 더 중요하다 말하고 싶어요.

그린트리예술창작센터에서 기억에 남는 에피소드가 있나요?

그린트리예술창작센터 '마을학교'에서 청소년 대상으로 '기획 프로그램'을 운영할 때였는데요, 청소년들 스스로가 캠페인을 열든 영상제를 하든, 뭐든 좋으니 기획한 후 직접 실행하는 프로그램이었어요. 그중에 '가시'라는 프로그램이 기억에 남네요. 청소년 미혼모를 돕는 캠페인이었는데요, 청소년 미혼모를 돕기 위해 다큐멘터리 영상을 찍고 영상제를 했었어요. 성북동에 있는 '자오나 학교'라고 청소년 미혼모들이 모여 있는 곳이 있거든요. 그곳과 MOU 체결을 해서 캠페인도 하고, 육아용품 기증도 받고, 플리마켓도 열고, 먹거리 장터도 했죠. 아이들 열다섯 명이서 오롯이 해냈어요. 자오나 학교 친구들이 감동을 많이 받고 행복해했고, 마을 학교 아이들은 청소년 미혼모에 대한 시선이 바뀌었죠. 따뜻하게요.

이런 프로그램을 좀 더 많은 아이들이 접할 수 있게 된다면 참 좋을 것 같아요. 작은 일 하나를 기획하는 경험이 내 삶을 기획하는 힘을 줄 수 있다고 생각해요. 좋은 학교에서 좋은 직장으로 이어지는, 코스 바깥에서 내가 내 삶을 기획하는 힘이요.

앞으로의 계획을 말씀해주세요.

음반을 내겠다고, 음원을 만들겠다고 3년 전부터 이야기를 해왔어요. 앞으로 꼭 음반을 낼 계획이에요. 그리고 제가 워낙 창작하는 걸 좋아하는 사람이라서 그린트리예술창작센터도 만들었잖아요? 많은 아티스트와 협업해 창작하는 일을 무척 좋아해요. 그래서 앞으로도 저만의 색깔을 지키면서 많은 아티스트와 콜라보 무대 꾸밀 계획이에요. 또, 그걸 음원으로 만들고 싶다는 생각도 있죠. 전 계획 있게 일을 하는 사람은 아니라서 구체적인 계획은 아직 없지만요. 닥치는 대로 하루하루를 열심히 살자가 제 모토예요. 앞으로도 거창한 비전을 갖기보다 하루하루 충실히 살고 싶어요. '오늘만 잘 살자', '오늘을 열심히 살자' 하고요.

Question 성악가 이후의 직업도 생각하시나요?

이미 다음 단계를 걷고 있어요. 기획자로서 말이죠. 그린트리예술창작센터에서 170~180회의 공연을 기획하고 시행했지만, 센터를 막 시작할 때는 기획자가 되겠다는 생각은 없었어요. 그냥 기획을 할 수밖에 없는 상황이다 보니 어느 순간 제가 기획자가 되어 있더라고요. 지금 저는 성악가면서 기획자, 교육자면서 치료사이기도 한 거죠. 앞으로 또 다른 모습이 언제 어떻게 나올지는 두고 봐야 알겠죠. 저도 잘 모르겠어요.

'성악가', 추천할 만한 직업인가요?

본인이 정말 간절하다면 당연히 응원하죠. 남편이 제게 딸들이 음악하고 싶다고 하면 음악 시킬 거냐고 물어본 적이 있어요. 제가 우스개로 '가출 두 번 할 정도로 간절하다면 시키지'라고 이야기 했어요. 가출 한 번쯤은 멋모르고 해볼 수 있죠. 하지만 두 번 가출은 간절하다는 거잖아요. 그 정도의 간절함이 있다면 뭐든 스스로 알아서 잘 하지 않을까요?

Question 성악가를 꿈꾸는 친구들에게 한 마디 해주세요

자신의 꿈을 믿고 나아갔으면 좋겠어요. '정말 너무 좋다', '이게 나의 꿈이다'라고 확신한다면, 지금 본인이 선택하고 가는 길이 맞다고 생각한다면 그 길로 계속 가라고 말해주고 싶어요. 그 과정에서 다들 소질이 없다며 하지 말라고, 그건 네 길이 아니라고 할 수도 있어요. '야 그만둬, 다른 걸 찾아봐, 다른 것도 많잖아'라는 말을 들을 수도 있죠. 그래도 내 안에서 어떤 울림과 두근거림이 들린다면, 그리고 그게 정말 강렬하다면 가야 해요.

다만, 성악가라는 꿈이 다른 무엇에 의해 선택된 거라면 다시 한 번 생각해봤으면 좋겠어요. 부모님이 시켜서, 혹은 높은 지위, 좋은 명성을 갖고 싶으니까 등의 부수적인 이유라면 말리고 싶어요. 하지만 가슴이 정말 뛰고 있다면, 너무 좋다면 계속 그 길을 가라고 하고 싶어요. 설사 지금은 잘하지 못하더라도 말이죠.

가수에게
청소년들이 묻다

청소년들이 가수에게
직접 물어보는 9가지 질문

"캐스팅방법이 궁금합니다!"

예전에는 흔히들 얘기하는 길거리 캐스팅이 거의 전부였어요. 길에서 춤추거나 노래 좀 부르는 사람들, 잘생기거나 예쁜 친구들을 발견하면 명함을 돌리는 사람들이 있었죠. 그런데 이런 방법이 하루 아침에 다 사라졌어요. 요즘은 인터넷으로 전부 해결이 되거든요. 어디 회사에서 언제 어디서 오디션을 연다고 공고를 내면, 알아서 지원자들이 찾아오게 되었죠. 아니면 홍보팀 매니저들이 오디션 카페 같은 곳을 이용하기도 해요. 또, 요즘엔 학원이 엄청 많아졌잖아요. 그래서 학원에서도 오디션을 열고요. 회사에서 학원으로 오디션을 요청하기도 해요. 캐스팅 방법이 굉장히 다양해졌어요.

그리고 최근에는 SNS를 통한 캐스팅도 있다고 해요. 유명 고등학교에서도 연결이 되고요. 다들 알고 계시는 '한림예고'가 대표적인 학교죠. 저희 때는 '안양예고'가 유명했어요. 거기에 가면 가수가 된다는 이야기도 많이 나왔죠. 지금은 대부분이 회사나 학원 오디션을 통해 가수가 되는 것 같아요.

"노래만 잘 불러도 가수가 될 수 있을까요?"

요즘에는 가수가 노래만 잘해서는 안 돼요. 밴드가 연주만 잘해서도 안 되고요. 내 자신이 가수라도 악기를 다룰 줄 알아야 하고, 작곡 프로그램도 다룰 줄 알면 좋아요. 피아노를 치더라도, 피아노만 쳐서는 안 되죠. 공급이 많아졌기 때문에 소비자들도 굳이 자신이 원하지 않는 가수를 시간과 돈을 들여서 쳐다보지 않아요. 그들의 눈에 띄려면, 그리고 내가 정말 원하는 음악을 하려면 음악의 전반적인 흐름을 다 꿰고 있어야 해요.

"공개오디션이 짜고 친다는 소문이 많은데, 진짜인가요?"

저는 '위대한탄생', '슈퍼스타K' 등 오디션이란 오디션은 다 봤었는데, 특히 위대한 탄생은 예선을 다 통과하고 캠프까지 가게 됐어요.

사실 이제 와서 하는 얘기지만 유난히 카메라가 따라다니는 친구들이 있어요. PD픽? 그런 거요. 그런데, 저는 그게 맞을 수도 있다는 생각을 해요. 시청자 입장에서는 화가 나지만, 이 프로그램을 기획하는 사람들 입장에서는 들인 비용만큼을 거두려면 유명해질 만한 친구들을 밀어주는 게 맞잖아요. 도박을 할 순 없으니까요. 한편으론 슬프지만 한편으론 당연하다고 생각도 들어요.

그래도 그 상황에서 하나 깨달은 건 있는데요, 만약, 그 상황에서도 내가 정말 잘했다면 PD님 눈에 보였을 거라는 거죠. PD픽 친구들만큼 잘했다면? 또는 더 잘했다면? 짜인 각본을 엎어서라도 절 선택하지 않았을까요?

"가수가 되면 행복할 것 같은데, 그렇지 않은 가수들도 있는 것 같아요. 행복한 가수는 어떤 사람인가요?"

'나 행복하다', '나, 가수라는 직업을 만나 행복해' 할 수 있다면 행복한 가수가 아닐까요. 행복은 누가 판단해주는 게 아니라 스스로 느끼는 거잖아요. 저는 '아, 나 정말 행복한 가수다'라고 종종 느껴요. 느끼니까 종종 행복한 가수가 되고요.

"목소리가 더 좋았으면 좋겠어요! 무엇을 하면 좋을까요?"

1. 일단 성대가 상하지 않게 큰소리로 소리를 지르거나 과도한 소리의 사용을 피해야 해요.

2. 성대에 가장 해를 입히는 것은 건조함! 늘 따뜻하고 촉촉하게 보호하는 것이 중요해요.

3. 규칙적인 생활과 적당한 운동으로 좋은 컨디션을 유지하는 게 중요해요. 우리는 몸이 악기니까요.

4. 노래 부르는 일은 심리적인 요소에 영향을 많이 받아요. 늘 긍정적이고 진취적인 마음가짐이 중요하죠.

5. 호흡이 얼마나 중요한지 노래를 하면 할수록 많이 느낍니다. 호흡 훈련을 노래부르기 전 충분히 하세요.

6. 바른 자세는 좋은 노래를 부릅니다. 자세와 표정에도 신경을 많이 쓰세요!

7. 무엇보다 간절함과 열정이 중요합니다. 보이지 않는 기관을 훈련해야 하는 작업은 어렵고 난해해요. 인내심과 끈기로 열정을 갖고 나아가세요!

"가수와 관련없는 전공이나 직업을 선택했어도
가수가 될 수 있을까요?"

저는 영어영문학을 전공했어요. 그리고 음악으로 돈을 벌기 전엔 막노동, 배달, 서빙 등의 다양한 알바를 했었어요.

음악과 랩은 결국 본인의 인생을 담는 것이기에, 어떤 공부를 하시든 또 어떤 일을 하시든 다 도움이 됩니다. 어떤 이유가 붙어야 랩을 잘하는 것이 아닙니다. 열악한 환경일지라도, 그 상황을 탓하는 게 아니라, 그 환경이기에 할 수 있는 랩을 하시면 됩니다.

"실제로 가수들은 아르바이트를 많이 하나요?"

많이 해요. 저도 커피숍이나 이벤트 회사에서 일을 많이 했고요. 연예인 경호도 해보고 붉은악마 굿즈를 포장해서 발송도 해봤고, 월드컵에서 프로모션 행사도 했고요. 보컬트레이너 일도 했어요. 저희 부모님이 고물상을 하셔서 중간상인 역할도 해봤고요. 어르신들이 길에서 주워 오시거나 그런 물건을 다 받아서 더 큰 곳에 파는 일이에요.

"버스킹에 도전해보고 싶은데, 버스킹 꿀팁이 있다면 알려주세요!"

1. 장비

버스킹을 하려면 우선 '장비'가 필요해요. 저는 처음부터 장비를 모두 구매해서 시작했지만, 요즘은 버스킹 장비를 대여해 주는 곳도 많이 생겼더라고요. 처음부터 장비를 구매해서 시작하기에는 금액이 부담될 수 있으니 도전이 목적이라면, 우선은 장비를 대여해서 시작하는 것을 추천드려요. 그리고서 버스킹에 대한 장기적인 목표가 생길 때 개인 장비를 하나씩 구매하면 좋지 않을까 싶어요!

2. 곡 선정, 장소 선정

시간(Time), 장소(Place), 상황(Occasion), TPO에 따라 곡 선정을 센스있게 하면 좋아요. 아무래도 버스킹은 장소가 야외다 보니 그 장소가 가지고 있는 고유의 색이 있거든요. 그 장소를 찾는 사람들의 모습도 어느 정도 그려볼 수 있고요. '장소'에서 저는 곡 선정의 큰 힌트를 얻고는 했어요. 그 장소를 해치지 않고, 오히려 그 장소와 장소를 찾는 사람들에게 더욱 잘 어울리는 곡을 준비했죠. 혹시 준비된 곡이 제한적이라면, 반대로 그 곡에 어울리는 장소를 찾는 것도 좋은 방법이라고 생각해요.

"가수로서 성과를 내려면 어떻게 해야 하나요?"

일정한 루틴을 가지고 집중하고 몰입하고 있는지가 중요한 것 같아요. '남린'이라는 바이올리니스트 학생을 영어 회화 수업에서 만난 적이 있어요. 알고 보니까 바이올린 신동이더라고요. 그 친구 얘기가 되게 인상 깊었던 게, 연습실에서 오전부터 밤 늦게 까지 계속 연습을 한다고 하더라고요. 연습 시간을 따로 안 정해둔대요. 본인은 오히려 시간을 정하면 나태해지는 것 같아서 연습하는 부분이 완성될 때 까지 한다고 하더군요. 그게 되게 충격이었어요.

또, 지코가 설립한 KOZ라는 회사에 소속돼 있는 '다운'이라는 보컬이 있어요. 거기 계약하기 전에 저랑 작업을 두 곡정도 같이 했었고, 그 친구에게 두 달 정도 레슨도 받았었는데요, 작업실에 살면서 눈뜨면 작업이더라고요. 곡을 쓰든, 멜로디를 만들 듯 노래를 부르든 그게 삶이더라고요. '연습 시간' 단위로 물어봤더니, 자기는 그런 시간이 없대요. 그냥 하루 종일 하고 있는거죠. 그때 남린 학생에게 느꼈던 것과 비슷한 충격을 받았어요.

자기 분야에 몰입해있고, 거기서 재미를 찾고 의미를 찾으면서 깊게 빠져들면 당연히 성과가 나오는 거죠. 자연스레 두각을 나타나게 되는 것 같아요.

CHAPTER

| 3 |

예비 가수 아카데미

가수가 되는 여러 길들

"가수의 길로 들어서기 위한 방법으로는 음반기획사의 신인가수 공개오디션을 보는 것이 가장 보편적입니다. 보통 기획사에서는 특정 기간에 오디션 공고를 내기도 하고, 수시로 우편이나 인터넷 등을 통해 데모테이프 등을 받기도 합니다. 또 교육기관의 교수나 강사의 눈에 띄어 음반기획사의 오디션을 보기도 합니다. 오디션은 수차례에 걸쳐 진행되며, 노래실력과 가수로서의 자질 등을 평가합니다. 오디션을 통과했다고 바로 가수가 될 수 있는 것은 아닙니다. 데뷔 이전에 몇 년 동안 보컬과 안무 등에 대한 트레이닝 과정을 거치는 것이 보통인데, 이 기간 중에 실력이 없다고 판단되면 음반을 내지 못하는 경우도 많습니다. 이 밖에 각종 가요제에 참여해 입상하여 가수가 될 수도 있고, 언더그라운드로 활동하면서 음반제작자의 눈에 띄어 음반을 제작하는 경우도 있습니다. 최근에는 개그맨, 연기자, 영화배우들도 음반작업에 참여하여 앨범을 만드는 경우가 종종 있습니다."

출처 : 워크넷 > 직업정보찾기 > 대중가수 > 2. 어떻게 준비하나요?

가수가 되는 길은 정말 다양합니다. 가수 백 명에게 백 가지의 서로 다른 '가수 되는 방법'이 있다고 할 수 있을 정도입니다. 따라서 '이 길로 쭉 간다면 가수가 될 수 있어'라고 단언할 수 있는 단 하나의 길은 없습니다. 다만, 가이드가 되어줄 만한 몇 가지 선택지는 있습니다.

아래 많이 알려진 매니지먼트 오디션, 가요제, 음악 예능 프로그램 목록과 접근 방법을 소개합니다.

가수가 되는 길 : 기획사 오디션

기획사	오디션명	오디션 시기
SM	SM 토요 공개 오디션	매주 토요일 오후 12시
	SM 글로벌 오디션	1월~2월
JYP	JYP 월간 오디션	매월 첫째, 셋째 일요일 오후 1시
	JYP 연습생 공채 오디션	1월
YG	YGX NEW 오디션	2월
빅히트	Seasonal Audition	4, 6, 9 12월
FNC	PICK UP STAGE	매월 셋째 일요일 오후 1시
큐브	CUBE STAR AUDITION	1~2월
플레디스	플레디스 원더틴즈 전국투어 오디션	1~2월
판타지오	판타지오 전국 오디션	1~2월
젤리피쉬	젤리피쉬 공개오디션	1~2월
KOZ	코즈 전국투어 오디션	1~2월

*기획사의 사정에 따라 오디션 시기는 바뀔 수 있음
*더 많은 오디션 정보는 실음넷 홈페이지(www.sileum.net) 참조

가수가 되는 길 : 가요제

가요제명	참가자격	가요제 시기
대학 가요제	국내 대학 재학생	10월
유재하 음악 경연대회	만 17세 이상	11월
현인 가요제	만 16세 ~ 만 35세	8월
고복수 가요제	17세 이상	9월
추풍령 가요제	17세 ~ 55세	8월
왕평 가요제	만 16세 ~ 만 65세	9월
양파 가요제	만 16세 이상	10월

*자세한 참가자격과 접수일은 각 가요제 홈페이지 참조

가수가 되는 길 : 음악 예능 출연

가요제명	참가자격	가요제 시기
너의 목소리가 보여	Mnet	홈페이지 및 이메일 접수
전국노래자랑	KBS1	지역 예심 전화 접수
미스트롯 & 미스터트롯	TV조선	홈페이지 및 이메일 접수
팬텀싱어	JTBC	홈페이지 접수
캡틴	Mnet	홈페이지 및 이메일 접수
보이스 코리아	Mnet, tvN	이메일 접수
히든싱어	JTBC	홈페이지 접수
쇼미더머니	Mnet	홈페이지 및 이메일 접수

*방송사의 사정에 따라 지원방법이 바뀔 수 있음

가수가 되는 길 : 실용음악학과

지역	대학명	학과명
서울	경기대학교(서울캠퍼스)	전자디지털음악학과
	경희사이버대학교	실용음악학과
	동덕여자대학교(본교)	실용음악과
	디지털서물문화예술대학교	실용음악학과
	명지대학교(인문캠퍼스)	융합예술실용음악학과
	상명대학교(서울캠퍼스)	뮤직테크놀로지학과
	서경대학교(본교)	실용음악학과
	서울디지털대학교	문화예술학부(실용음악학과)
	서울디지털대학교	실용음악학과
	서울사이버대학교	실용음악과
	성신여자대학교(본교)	현대실용음악학과
	세종사이버대학교	실용음악학과

지역	대학명	학과명
경기	서울신학대학교(본교)	실용음악과
	용인대학교(본교)	뮤지컬 실용음악과
	용인대학교(본교)	실용음악과
	중앙대학교(안성캠퍼스)	글로벌예술학부(실용음악전공)
	칼빈대학교(본교)	실용음악과
	평택대학교(본교)	실용음악학전공
	평택대학교(본교)	실용음악학과
	한양대학교(ERICA캠퍼스)	실용음악학과
강원	가톨릭관동대학교(본교)	실용음악전공
	가톨릭관동대학교(본교)	실용음악학과
대전	배재대학교(본교)	실용음악과
충북	서원대학교(본교)	실용음악과
	유원대학교(본교)	실용음악학과
충남	나사렛대학교(본교)	실용음악과
	남서울대학교(본교)	실용음악학과
	단국대학교(천안캠퍼스)	생활음악과
	백석대학교(본교)	문화예술학부 실용음악전공
	중부대학교(본교)	대중음악전공
	중부대학교(본교)	실용음악학전공
	청운대학교(본교)	실용음악과
	한서대학교(본교)	실용음악과
	호서대학교	실용음악전공
광주	광신대학교(본교)	실용음악학과
전북	예원예술대학교(임실캠퍼스)	실용음악전공
	예원예술대학교(임실캠퍼스)	실용음악전공
	한일장신대학교(본교)	실용음악학과
	호원대학교(본교)	실용음악학부
	호원대학교(본교)	K-POP학과

지역	대학명	학과명
전남	동신대학교(본교)	실용음악학과
	세한대학교(본교)	실용음악학과
	세한대학교(본교)	보컬전공
	세한대학교(본교)	실용음악학부
	초당대학교(본교)	실용음악학과
대구	계명대학교	뮤직프로덕션과
부산	동아대학교(승학캠퍼스)	실용음악학과
경북	경주대학교(본교)	실용음악학과
	경주대학교(본교)	실용음악·공연예술학부
	경주대학교(본교)	실용음악공연학과
	경주대학교(본교)	실용음악전공
	대구카톨릭대학교(효성캠퍼스)	실용음악과
	대구예술대학교(본교)	실용음악전공
	대신대학교(본교)	교회실용음악학부
경남	한국국제대학교(본교)	실용음악학과
	한국국제대학교(본교)	음악공연학과
	한국국제대학교(본교)	음악공연학부
제주	제주국제대학교(본교)	대중음악학과

출처: 진로정보망 커리어넷

가수가 되는 길 : 성악과

지역	대학명	학과명
서울	경희대학교(본교)	성악과
	국민대학교(본교)	성악전공
	상명대학교(서울캠퍼스)	성악과
	서울대학교	성악과
	서울사이버대학교	성악과

서울	성신여자대학교(본교)	성악과
	숙명여자대학교(본교)	성악과
	연세대학교(신촌캠퍼스)	성악과
	이화여자대학교(본교)	성악과
	이화여자대학교(본교)	성악전공(신)
	이화여자대학교(본교)	성악전공
	추계예술대학교(본교)	성악과
	한국예술종합학교	성악과
	한양대학교(서울캠퍼스)	성악과
경기	단국대학교(죽전캠퍼스)	성악과
	대진대학교(본교)	성악전공
	명지대학교(자연캠퍼스)	예술학부(성악전공)
	수원대학교(본교)	성악
	수원대학교(본교)	성악과
	협성대학교(본교)	성악·작곡과
대전	목원대학교(본교)	성악·뮤지컬학부
	목원대학교(본교)	성악·뮤지컬학과
충남	나사렛대학교(본교)	성악전공
대구	계명대학교	성악전공
울산	울산대학교(본교)	성악전공
경북	대구가톨릭대학교(효성캠퍼스)	성악과
	영남대학교(본교)	성악과
제주	제주대학교(본교)	성악전공

출처: 진로정보망 커리어넷

여기서 잠깐! : 표준계약서

표준계약서란?

표준 계약서는 건전한 거래질서를 확립하고 불공정한 계약을 막기 위해 공정거래위원회에서 마련한 약관이 담긴 계약서입니다. 연습생 계약, 전속계약 시 표준계약서의 사용이 매니지먼트에 강제되지는 않으나 가수지망생, 연습생, 가수는 표준계약서를 통해 무엇이 공정한 내용인지, 피고용인으로서 회사에 요구할 수 있는 사항은 무엇인지를 확인할 수 있습니다.

출처: 찾기쉬운 생활법령 정보 > 가수 > 전속계약 > 표준계약서(표준약관) 개관

대중문화예술분야 연습생 표준계약서

다음 장에 계속 ▶

대중문화예술인(또는 연습생) 표준부속합의서 *청소년일 경우 추가 체결

이미지 출처: 한국콘텐츠진흥원

여기서 잠깐! : 저작인접권

　가끔 텔레비전 예능 프로그램에서 작곡과 작사로 '저작권 부자'가 됐다는 가수를 만나볼 수 있습니다. 흥행 노래의 '저작권'이 그에게 있어, TV 프로그램, 라디오, 영화에 노래가 나올 때마다, 음원 스트리밍 플랫폼에서 노래가 재생될 때마다 가수에게 수익이 돌아온다는 설명이 뒤따릅니다.

　그렇다면, 작곡 작사 등을 하지 않고 단순히 '노래'만 시연하는 가수는 직접 얼굴을 비추고 참여하는 공연 참가비 등 외에 수익을 얻을 수 없을까요? 또, 참여한 음원이나 방송영상에 대해 권리를 주장할 수 있을까요?

저작인접권이란?

　저작인접권은 실연자 등에게 부여되는 저작권과 유사한 권리를 말합니다.

　저작물을 직접적으로 창작하는 것은 아니지만, 저작물의 해설자, 매개자, 전달자로서 역할을 한다면 저작인접권이 인정됩니다.

　저작인접권으로 보장되는 실연자의 권리는 다음과 같습니다.

성명표시권	실연자는 그의 실연 또는 실연의 복제물에 그의 실명 또는 예명을 표시할 권리를 가집니다.
복제권	실연자는 그의 실연을 복제할 권리를 가집니다.
배포권	실연자는 그의 실연의 복제물을 배포할 권리를 가집니다.
방송보상청구권	방송사업자가 실연이 녹음된 상업용 음반을 사용하여 방송하는 경우에는 보상금을 그 실연자에게 지급해야 합니다. 방송사업자가 실연자 혹은 그의 매니지먼트에 지급하는 보상금 금액은 매년 그 실연자 혹은 그의 매니지먼트와 사업자가 협의하여 정합니다. 협의가 성립되지 않는 경우에는 위원회에 조정을 신청할 수 있습니다.
디지털음성송신 보상청구권	디지털음성송신사업자(스트리밍 플랫폼 등)가 실연이 녹음된 음반을 사용하여 송신하는 경우에는 보상금을 그 실연자에게 지급해야 합니다. 디지털음성송신사업자가 실연자 혹은 그의 매니지먼트에 지급하는 보상금 금액은 매년 그 실연자 혹은 그의 매니지먼트와 사업자가 협의해 정합니다. 협의가 성립되지 않는 경우에는 문화체육관광부장관이 정해 고시하는 금액을 지급합니다.
공연보상청구권	실연이 녹음된 상업용 음반을 사용하여 공연을 하는 자는 보상금을 그 실연자에게 지급해야 합니다.

　실연자는 이외에, 동일성유지권, 대여권, 공연권, 방송권, 전송권 등을 저작인접권을 통해 보장받을 수 있습니다.

가수와 관련된 영화

이미지 출처 : 네이버 영화

파파로티

미스터트롯으로 유명세를 얻은 '트바로티' 김호중의 이야기를 바탕으로 2012년 제작된 영화입니다. 노래에 천부적인 재능을 지녔지만 일찍이 주먹세계에 입문한 고등학생과 한때 잘나가던 성악가였지만 지금은 촌구석 예술고등학교에서 일하는 음악 선생님의 운명같은 만남을 다루고 있습니다. 나를 알아봐주고 기다려주는 좋은 선생님을 만나 점차 성장해나가는 주인공의 모습을 보고 있자면 어느새 가슴이 뛰는 나를 발견합니다.

나를 알아봐주는 사람 없이 홀로 외롭게 꿈을 지켜나가고 있는 것 같다면, 잠깐 이 영화로 힘을 얻고 가보는 것은 어떨까요? 영화 속 주인공처럼, 긴 시간 홀로 스스로를 응원하며 꿈을 품고 있다 보면 언젠가 나를 응원하는 또다른 누군가를 분명히 만날 테니까요.

이 영화 이 한 마디! 💬

주인공을 아끼는 것이 선생님 한 사람만은 아닙니다. '주먹세계'의 형님 중에서도 그를 안타깝게 여기는 이가 있습니다. 그는 햄버거 가게에서 주인공과 마주 앉아 이렇게 조언합니다.

> "만약에 내가 네 입장이라면 난 너처럼 그렇게 안 살거다. 너에겐 재능이 있어. 하지만 난 꿈이 없다.
> 나는 1년 후에 뭘 할지가 걱정 되고, 아니, 내일도 뭐 할지 모르겠다."

'나를 알아봐주는' 그의 말에 주인공은 다시 제게 길을 일러줄 사람을 찾아갑니다. 투박하지만 진심이 담긴 응원의 대사는 오래 남아 마음에 맴돕니다.

미스 아메리카나

'테일러 스위프트' 하면 어떤 이미지가 가장 먼저 떠오르나요? 작곡가 겸 가수, 무대 위 빛나는 모습이 먼저 떠오르지 않나요? '미스 아메리카나'는 그 같은 테일러 스위프트의 반짝이는 겉 안쪽의 또다른 모습을 담은 다큐멘터리 영화입니다. 영화는 '한 명의 사람'으로서 테일러 스위프트를 비춥니다. 자신의 신념을 믿고 자신의 길을 찾아서 그 길로 고되게 나아가는 테일러 스위프트를 통해, 꿈을 꾸준히 좇으면서 동시에 신념을 지키는 일이 얼마나 어려운지 볼 수 있습니다. 노래를 통해, 또 행동을 통해 사람들에게 선한 영향력을 끼치는 가수가 되고 싶은 분에게 이 영화를 추천합니다.

이미지 출처 : 네이버 영화

이 영화 이 한 마디! 💬

2009년 MTV 시상식, 당시 올해의 여성 부문 비디오상의 영광은 테일러 스위프트에게 돌아갔습니다. 가슴 뛰는 자리, 떨리는 목소리로 소감을 말하는 테일러 스위프트 앞을 갑자기 가수 '칸예 웨스트'가 가로막습니다. 무대에 난입해 "축하해. 하지만 최고의 비디오는 비욘세야!"라고 외친 칸예 웨스트 때문에 테일러 스위프트는 결국 소감을 다 말하지 못하고 내려와야 했습니다. 이후 오랜 시간 이와 직간접적으로 연관된 악플에 시달리기도 했죠.

하지만 테일러 스위프트는 그에 굴하지 않았습니다. 제58회 그래미 어워드 3관왕에 오른 뒤 그는 수상소감으로 이렇게 말합니다.

> **"당신의 성공을 깎아내리거나 명예와 성과를 자신의 것으로 삼으려는 사람들이 있다.**
> **그렇지만 자신의 일에 집중하고 흐트러지지 마라."**

혹시 지금 누군가가 나의 꿈을 비웃거나 모질게 대한 탓에 나의 꿈과 신념이 흔들리고 있다면, 어쩌면 이 영화가 조금이나마 도움이 될지도 모릅니다.

보헤미안 랩소디

이민자 출신의 아웃사이더, 공항 수하물 노동자 '파록 버사라'가 록밴드 퀸의 보컬 '프레디 머큐리'가 되기까지의 이야기를 담은 영화입니다.

음반사의 반대에도 재생시간이 6분에 이르는 노래 '보헤미안 랩소디'를 지켜내고, 솔로 데뷔로의 유혹과 밴드 멤버와의 불화를 헤쳐나가는 영화 속 프레디의 모습에서 그가 가졌던 음악인으로서의 고집과 태도를 건너다 볼 수 있습니다.

세상의 눈에 띄지않던 이가 전설적인 록밴드 '퀸'의 보컬이 되기까지의 극적인 이야기가 궁금하다면 이 영화, 꼭 보시길.

이미지 출처 : 네이버 영화

이 영화 이 한 마디! 💬

솔로 앨범 활동 등으로 각자의 시간을 보내다 오랜만에 다시 멤버들이 뭉친 무대. 완전체로 복귀하는 퀸의 첫 무대에 100개국 15억 명의 관객이 참석했습니다. 'Live Aid' 콘서트였죠. 멤버 중 한 명은 "연습도 제대로 되지 않은 채로 하는 컴백 무대가 15억 명이 지켜보는 무대라니, 그건 자살행위에 가깝다"라며 무대에 올라가기를 망설입니다. 그때 프레디 머큐리는 이렇게 격려합니다.

> "이 어마어마한 무대에 서는 건 분명 미친 짓이야.
> 하지만 우리가 이 무대에 서지 않고, 공연이 끝난 다음 날 아침 눈을 뜬다면,
> 우리는 이 무대에 서지 않은 걸 죽을 때까지 후회하게 될 거야."

우리 모두가 전설은 될 수 없지만, 퀸의 노랫말을 빌리자면, 내 인생의 '챔피언'은 될 수 있습니다. 이를 위해 우리는 오늘도 각자의 무대에 섭니다. 그 무대는 매번 졸린 눈을 비비며, 힘겨운 몸을 이끌고 가는 학교일 수도 있고, 실용음악학원일 수도 있겠습니다. 누군가에게는 자그마한 접시가, 텅 비어버린 소극장이 자기 무대일 수 있겠지요.
내 무대를 잊어버리거나 잃어버렸더라도, 나와 어울리지 않는 무대에 서 있느라 진이 다 빠졌더라도, 일단 걱정은 말도록 합시다. 어쩌면, 곧, 내 빛깔에 꼭 맞는 무대를 찾을 수 있을지도 모르니까요.

생생 인터뷰 후기

◆ 저자 오승훈

제가 학창시절 꿈꾸던 직업은 수학선생님이었습니다. 자신의 지식을 학생들에게 전달하고 이해시키는 모습이 그저 멋있어 보였어요. 하지만 나이가 들어 선생님을 경험하다보니 단지 멋있는 일만은 아니더군요. '선생님은 표면적으로 보이는 일보다 더 많은 일들을 하고 있구나' 알게 됐습니다. 이번 작업을 진행하면서 '가수'라는 직업 또한, 보이는 것보다 더 많은 일을 뒤에서 하고 있다는 것을 알게 됐습니다.

저는 실제로 그 직업을 과거에 가졌거나, 현재 갖고 있는 현업인의 생생한 이야기가 미래에 해당 직군을 꿈꾸는 친구들에게 굉장히 큰 영향을 줄 것이라 확신해요. 가수를 꿈꾸고 있는 친구들에게 이 책에 담긴 현직자의 이야기가 꼭 도움이 되었으면 합니다.

◆ 저자 김범준

모든 직업이 마찬가지겠지만, 그 직업에 이르는 길은 다양합니다. 인터뷰를 준비하고 진행하면서 특히나 '가수'라는 직업은 정말 다양한 경로로 다다를 수 있다는 걸 알았습니다. 실용음악과, 성악과 등 관련 학과를 진학하여 가수를 준비할 수도 있고, 오디션을 통해 이름을 알릴 수도 있습니다. 대학교 전공이 '가수'와 관련이 없더라도, 가수가 될 수 있는 경험들을 진지하게 고민하면서, 또 즐기면서 하루하루 경험을 쌓아나간 분들과 인터뷰를 진행했습니다. 자신의 기쁨을 위해서, 자신의 상처를 보듬기 위해서 부른 노래가 신기하게도 타인에게 감동을 주고, 감명을 준다는 것을 알 수 있었습니다. 이 책이 '가수'라는 직업에 대해서 진지하게 고민하고 있는 분들에게 조금이나마 도움이 되었으면 좋겠습니다.

● 가수 <듀넘> 박재형님

댄서로 시작해서 아이돌그룹, 공연가, 공연기획자, 현재는 힙합 가수까지. 엔터테인먼트 분야에서 다양한 경험을 한 분이다보니, 독자분들께 들려줄 이야기가 굉장히 많았던 분이에요. '가수를 꿈꾸는 청소년들이 읽을 책'이라는 말에 가장 먼저 인터뷰를 승낙해주셨어요. 현재 청소년 대상 진로교육강사 활동을 함께 하시다보니, 학생들에게 해주고 싶은 이야기가 많으셨다고 합니다. 이 자리를 빌어 다시 한번 감사 인사를 드리고 싶어요.

'배고픈 직업'으로 살아남기 위해 다짐했던 마음과 행해오신 행동이 무척 마음에 와닿았습니다. 한국의 가수로서 잊지말아야 할 신념과 자세에 대해 진지하게 이야기해주셔서, 그 모습에 저부터 동기부여가 됐습니다.

● 가수 <오빠딸> 최현익님

최현익님과는 원래 친분이 있는 사이에요. 대학교 시절부터 거리에서 공연하는 것을 봤었죠. 당시에는 마냥 친구들과 취미처럼 즐긴다고 생각했었어요. 하지만, 막상 인터뷰를 하고 나니 '그때도 가수가 되기위해 많은 공부를 하며 꿈을 꾸고 있었구나' 싶어 많이 놀랐습니다. 가수로서의 명성을 얻는 것도 물론 중요한 부분이겠지만, 지금 본인의 이야기를 멜로디로 만들고 누군가에게 전달하고, 그 노래로 인해 영향받는 누군가의 모습을 보며 행복해하고 있는 모습을 보니 굉장히 뭉클했습니다. 진정성이 가득 담긴, 시간 가는 줄 모르는 인터뷰였습니다. 너무 감사드려요.

● 가수 <세자전거> 오치영님

오치영님께 인터뷰 요청을 드렸을 때, 외모(?)때문인지 혹여 차가운 분은 아닐까 조금 조심스러운 마음이 있었습니다. 하지만, 실제로 만나뵙자마자 느꼈습니다. '동네 형같은, 친근하고 따뜻한 분이구나' 라고요. 하하. 평소 청소년에 관해서 관심이 많으셨다는 오치영님은, 질문을 던지기도 전에 적극적으로 이야기해주셨습니다. 인터뷰 내리 열정 넘치는 모습을 보여주셔서 감사했습니다. 오치영님과의 인터뷰에서 느낀 점은, 그가 세상에 불만을 이야기하기 전에 본인의 가치관부터 살피고, 그에 맞게 행동하는 데 집중하고 있다는 것이었습니다. 이 인터뷰를 통해, 학생들도 본인의 가치관을 만드는 데 있어서 용기를 얻었으면 좋겠습니다. 다시 한번 감사의 말씀을 드립니다.

◐ 가수 '참좋은실' 조은실님

가장 긴 인터뷰를 진행한 분입니다. 그림을 그리려고 하다가 음악을 하게 된 이야기를 들으며 사람은 언젠가 자신이 진정으로 하고 싶은 일을 향해 나아간다는 것을 다시금 느낄 수 있었습니다. 인터뷰하는 내내 눈을 반짝이며 자신의 이야기를 하는 조은실 님을 보며 '정말 자기가 하고 싶은 일을 하는 사람이구나'를 알 수 있었습니다. 내가 하고 싶은 일을 계속해서 해나가는 사람들은 눈에 빛을 품고 있습니다. 조은실 님은 그 중 한 명이었습니다. 앞으로 어떤 음악과 무대로 자신의 이야기를 해나갈지 궁금합니다.

◐ 가수 '술제이' 김성훈님

유튜브 채널 '마이크스웨거' 시즌 2에서 이분을 처음 봤습니다. 프리스타일 랩을 즐기면서 기가 막히게 잘하는 모습을 보고 이분을 인터뷰하고 싶다고 생각했습니다. 이후 우연히도 한 이화여대 근처 스피치 학원에서 함께 수업을 듣게 되었고, 인터뷰를 흔쾌히 수락해주셨습니다. 인생의 단맛과 쓴맛을 여러 번 맛보고 산전·수전·공중전을 겪으면서, 많은 독서·깊은 명상·자아성찰을 거듭한 그에게 인터뷰하는 내내 많이 배울 수 있었습니다. 미소와 유머로 따스한 이야기를 들려주는 술제이님을 보면서 '좋은 음악은 좋은 사람에서 나온다'는 생각을 다시 했습니다. 앞으로 그의 행보를 기대합니다.

◐ 가수 이진희님

소프라노 이진희님을 인터뷰를 할 때는 '에너지를 충전받는' 느낌이 들었습니다. 함께 있는 사람들에게 좋은 기분을 나눠주는 능력이 있는 분이셨습니다. 이진희 님의 이야기에는 '나도 할 수 있다'라는 믿음과 자신감을 스스로의 안에서 발견하게끔 하는 힘이 있었습니다. 간신히 들어간 이탈리아 국립음악원에서 수석으로 졸업하기까지 얼마나 많은 노력이 있었을지 인터뷰 내리 생각했습니다. '자신의 꿈을 믿고 갔으면 좋겠다'라는 말이 유달리 뭉클했는데, 아마 그의 삶에 대한 이야기 아래 그 문장이 점점이 깔려있었기 때문일 것입니다. 참 닮고 싶다고 생각했습니다. 자신감이 떨어졌을 때, 초심을 잃었을 때 이진희 님의 이야기를 다시 들여다 볼 것 같습니다. 그런 힘이 그분의 인터뷰에 있었으니까요.